Business Model YOU

Réinventez votre carrière grâce à une méthode révolutionnaire

ÉCRIT PAR
Tim Clark, en collaboration avec Alexander Osterwalder et Yves Pigneur

TRADUIT PAR
Emily Borgeaud

CONCEPTION GRAPHIQUE
Alan Smith et Trish Papadakos

EN COLLABORATION AVEC
Une équipe de 328 professionnels de 43 pays

PEARSON

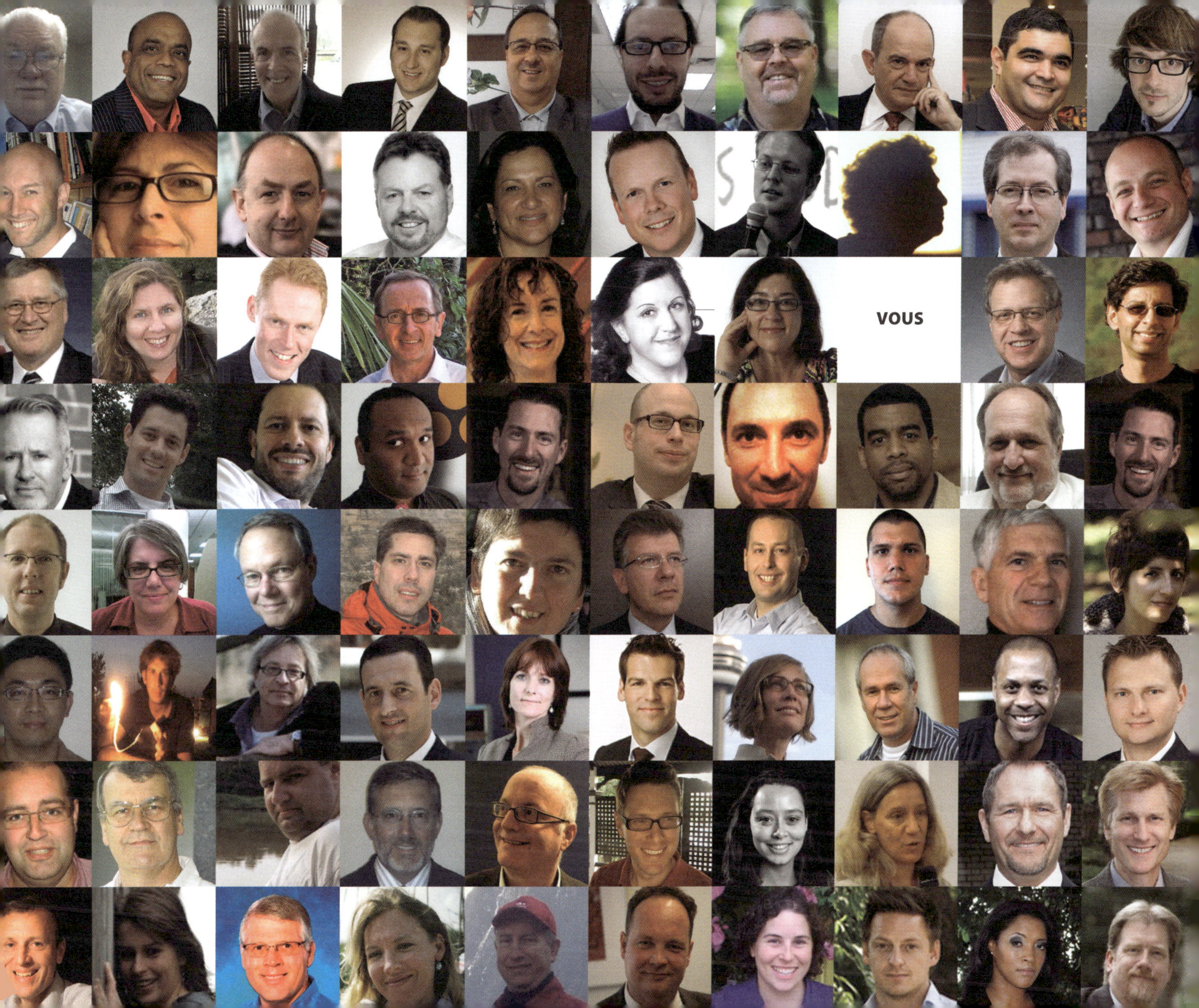
VOUS

En collaboration avec 328 magiciens et réinventeurs...

Au fil des pages, vous verrez que nous faisons souvent allusion à des « membres du forum », lecteurs de la première heure de *Business Model You* qui ont contribué à la création du livre. Ils ont critiqué les premières versions des chapitres, proposé des exemples, apporté des points de vue et accompagné le projet. Vous venez de découvrir leurs visages (double page précédente), et voici leurs noms[1].

Adie Shariff
Afroz Ali
AJ Shah
Alan Scott
Alan Smith
Alejandro Lembo
Alessandro De Sanctis
Alexander Osterwalder
Alfredo Osorio Asenjo
Ali Heathfield
Allan Moura Lima
Allen Miner
Amber Lewis
Andi Roberts
Andre Malzoni dos Santos Dias
Andrew E. Nixon
Andrew Warner
Anne McCrossan
Annemarie Ehren
Annette Mason
Ant Clay
Anthony Caldwell
Anthony Moore
Anton de Gier
Anton de Wet
Antonio Lucena de Faria
Beau Braund
Ben Carey
Ben White
Bernd Nurnberger
Bernie Maloney
Bertil Schaart
Björn Kijl
Blanca Vergara
Bob Fariss
Brenda Eichelberger
Brian Ruder
Brigitte Roujol
Bruce Hazen
Bruce MacVarish
Brunno Pinto Guedes Cruz
Bryan Aulick
Bryan Lubic
Camilla van den Boom
Carl B. Skompinski
Carl D'Agostino
Carles Esquerre Victori
Carlos Jose Perez Ferrer
Caroline Cleland
Cassiano Farani
Catharine MacIntosh
Cesar Picos
Charles W. Clark
Cheenu Srinivasan
Cheryl Rochford
Christian Labezin
Christian Schneider
Christine Thompson
Cindy Cooper
Claas Peter Fischer
Claire Fallon
Claudio D'Ipolitto
Császár Csaba
Daniel E. Huber
Daniel Pandza
Daniel Sonderegger
Danijel Brener
Danilo Tic
Darcy Walters-Robles
Dave Crowther
Dave Wille
David Devasahayam Edwin
David Hubbard
David Sluis
Deborah Burkholder
Deborah Mills-Scofield
Denise Taylor
Diane Mermigas
Dinesh Neelay
Diogo Carmo
Donald McMichael
Dora Luz González Bañales
Doug Gilbert
Doug Morwood
Doug Newdick
Dr. Jerry A. Smith
Dustin Lee Watson
Ed Voorhaar
Edgardo Vazquez
Eduardo Pedreño
Edwin Kruis
Eileen Bonner
Elie Besso
Elizabeth Topp
Eltje Huisman
Emmanuel A. Simon
Eric Anthony Spieth
Eric Theunis
Erik A. Leonavicius
Erik Kiaer
Erik Silden
Ernest Buise
Ernst Houdkamp
Eugen Rodel
Evert Jan van Hasselt
Fernando Saenz-Marrero
Filipe Schuur
Floris Kimman
Floris Venneman
Fran Moga
Francisco Barragan
Frank Penkala
Fred Coon
Fred Jautzus
Freek Talsma
Frenetta A. Tate
Frits Oukes
Gabriel Shalom
Gary Percy
Geert van Vlijmen
Gene Browne
Ginger Grant, PhD
Giorgio Casoni
Giorgio Pauletto
Giselle Della Mea
Greg Krauska
Greg Loudoun
Hank Byington
Hans Schriever
Hansrudolf Suter
Heiner Kaufmann
Hind
IJsbrand Kaper
Iñigo Irizar
Ioanna Matsouli
Ivo Frielink
Iwan Müller
Jacco Hiemstra
James C. Wylie
James Fyles
Jan Schmiedgen
Jason Mahoney
Javier Guevara
Jean Gasen
Jeffrey Krames
Jelle Bartels
Jenny L. Berger
Jeroen Bosman
Joeri de Vos
Joeri Lefévre
Johan Ploeg
Johann Gevers
Johannes Frühmann
John Bardos
John van Beek
John Wark
John L. Warren
John Ziniades
Jonas Ørts Holm
Jonathan L. York
Joost de Wit
Joost Fluitsma
Jordi Collell
Juerg H. Hilgarth-Weber
Justin Coetsee
Justin Junier
Kadena Tate
Kai Kollen

Kamal Hassan
Karin van Geelen
Karl Burrow
Katarzyna Krolak-Wyszynska
Katherine Smith
Keiko Onodera
Keith Hampson
Kevin Fallon
Khushboo Chabria
Klaes Rohde Ladeby
Kuntal Trivedi
Lacides R. Castillo
Lambert Becks
Laura Stepp
Laurence Kuek Swee Seng
Lauri Kutinlahti
Lawrence Traa
Lee Heathfield
Lenny van Onselen
Linda Bryant
Liviu Ionescu
Lukas Feuerstein
Luzi von Salis
Maaike Doyer
Maarten Bouwhuis
Maarten Koomans
Manuel Grassler
Marc McLaughlin
Marcelo Salim
Marcia Kapustin
Marco van Gelder
Margaritis Malioris
Maria Augusta Orofino
Marieke Post
Marieke Versteeg
Marijn Mulders
Marjo Nieuwenhuijse
Mark Attaway
Mark Eckhardt
Mark Fritz
Mark Lundy
Mark Nieuwenhuizen
Markus Heinen
Martin Howitt
Martin Kaczynski
Marvin Sutherland
Mats Pettersson
Matt Morscheck
Matt Stormont
Matthijs Bobeldijk
Megan Lacey
Melissa Cooley
Michael Dila
Michael Eales
Michael Estabrook
Michael Korver
Michael N. Wilkens
Michael S. Ruzzi
Michael Weiss
Mikael Fuhr
Mike Lachapelle
Miki Imazu
Mikko Mannila
Mohamad Khawaja
Natasja la Lau
Nathalie Ménard
Nathan Robert Mol
Nathaniel Spohn
Nei Grando
Niall Daly
Nick Niemann
Nicolas De Santis
Oliver Buecken
Olivier J. Vavasseur
Orhan Gazi Kandemir
Paola Valeri
Patrick Betz
Patrick Keenan
Patrick Quinn
Patrick Robinson
Patrick van der Pijl
Paul Hobcraft
Paul Merino
Paula Asinof
Pere Losantos
Peter Gaunt
Peter Quinlan
Peter Schreck
Peter Sims
Peter Squires
Petrick de Koning
Philip Galligan
Philippe De Smit
Philippe Rousselot
Pieter van den Berg
PK Rasam
Rahaf Harfoush
Rainer Bareiß
Ralf de Graaf
Ralf Meyer
Ravinder S. Sethi
Raymond Guyot
Rebecca Cristina C Bulhoes Silva
Reiner Walter
Renato Nobre
Riaz Peter
Richard Bell
Richard Gadberry
Richard Narramore
Richard Schieferdecker
Rien Dijkstra
Robert van Kooten
Rocky Romero
Roland Wijnen
Rory O'Connor
Rudolf Greger
Sang-Yong Chung (Jay)
Sara Coene
Scott Doniger
Scott Gillespie
Scott J. Propp
Sean Harry
Sean S. Kohles, PhD
Sebastiaan Terlouw
Shaojian Cao
Simon Kavanagh
Simone Veldema
Sophie Brown
Steve Brooks
Steven Forth
Steven Moody
Stewart Marshall
Stuart Woodward
Sune Klok Gudiksen
Sylvain Montreuil
Symon Jagersma
Tania Hess
Tatiana Maya Valois
Tom Yardley
Thomas Drake
Thomas Klimek
Thomas Røhr Kristiansen
Thorsten Faltings
Tiffany Rashel
Till Kraemer
Tim Clark
Tim Kastelle
Toni Borsattino
Tony Fischer
Travis Cannon
Trish Papadakos
Tufan Karaca
Ugo Merkli
Uta Boesch
Veronica Torras
Vicki Lind
Vincent de Jong
Ying Zhao-Chau
Yves Claude Aubert
Yves Pigneur

… de 43 pays

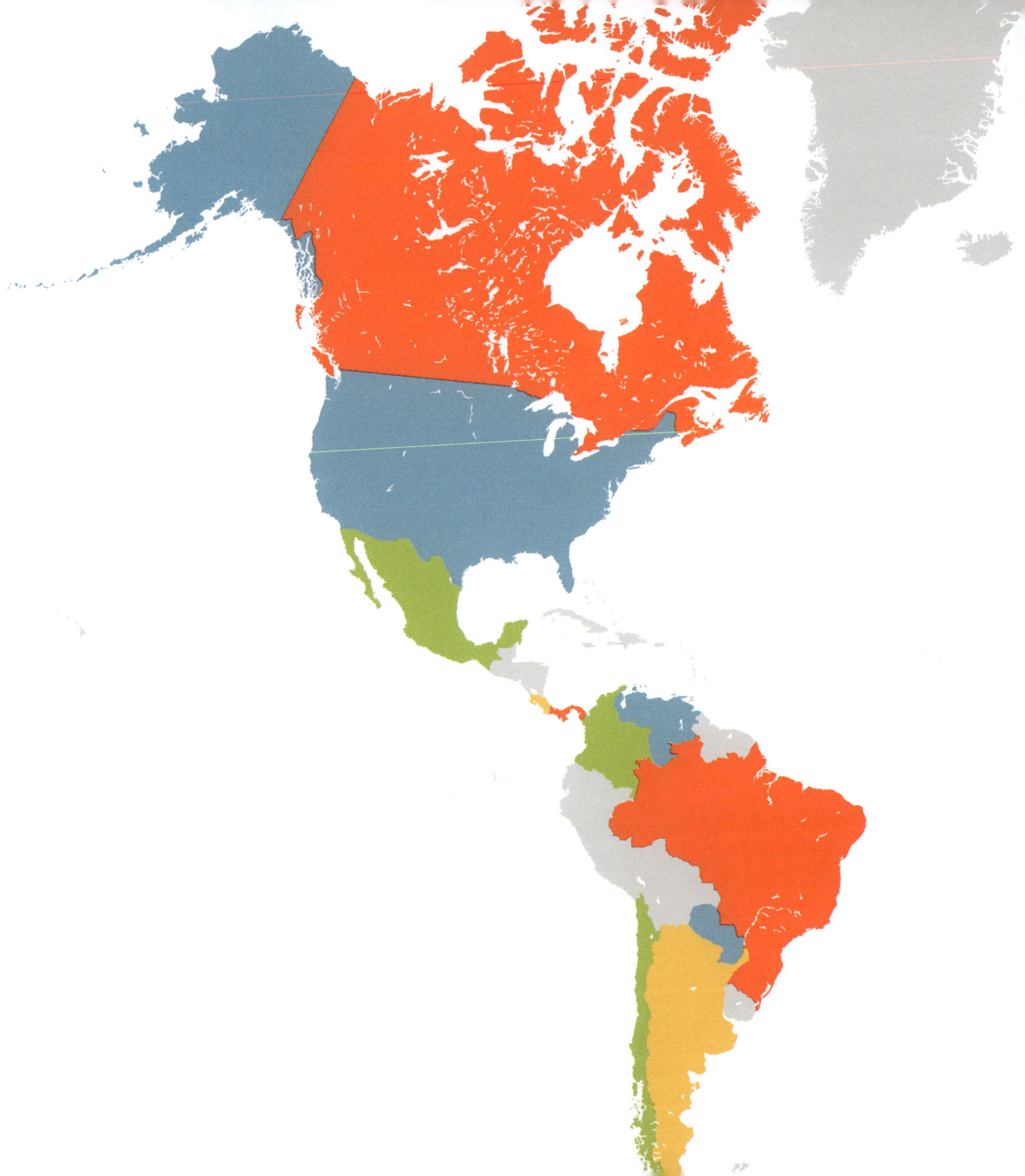

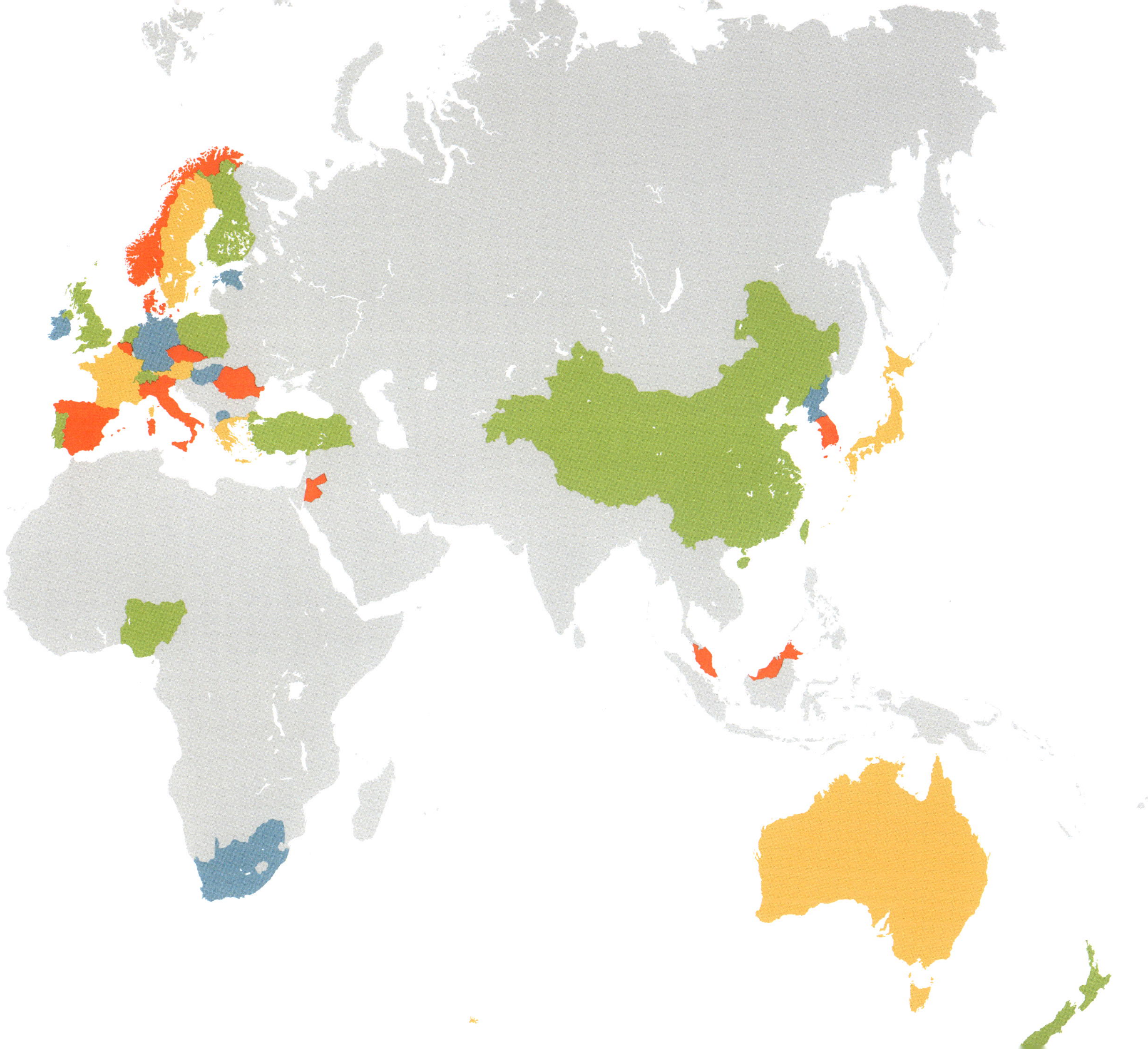

La réinvention en action

1

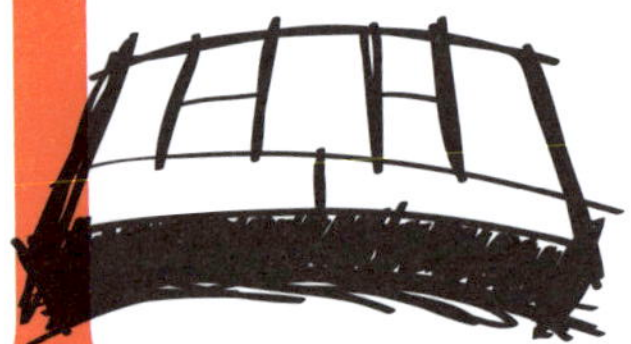

Modélisation

Découvrir et apprendre à utiliser l'outil de description et d'analyse des modèles économiques.

2

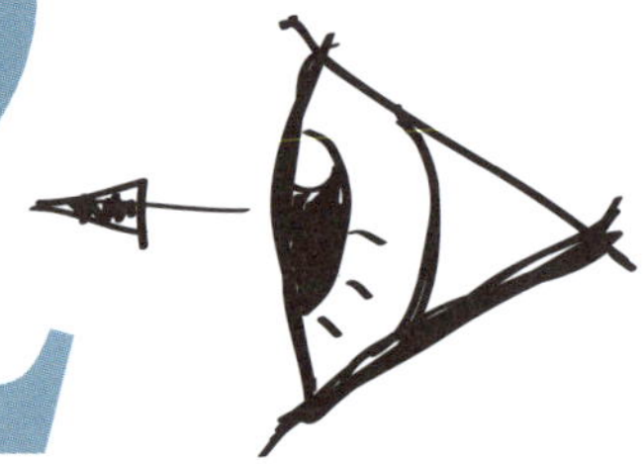

Réflexion

Revisiter vos choix et explorer de nouvelles pistes pour mettre en harmonie vos aspirations personnelles et professionnelles.

3

Réinvention

Rectifier – ou réinventer – votre vie professionnelle en vous servant de la matrice et des découvertes que vous avez faites au cours des chapitres précédents.

4

Action

Donner vie à votre nouveau business model.

5

Bonus

Gros plan sur les personnes et les ressources qui ont permis à *Business Model You* de voir le jour.

Modélisation

Découvrir et apprendre à utiliser l'outil de description et d'analyse des modèles économiques.

CHAPITRE 1
L'esprit business model : s'adapter à un monde qui évolue

Pourquoi l'esprit business model est votre meilleur allié dans un monde en constante évolution

Imaginons – au hasard – que vous lisiez ce livre parce que vous envisagez de changer de carrière.

Bienvenue au club ! Cinq adultes sur six en Amérique du Nord, selon certains sondages, envisageraient de changer d'emploi[2]. Et à en croire les cocréateurs de ce livre (43 pays représentés), il en va de même aux quatre coins du monde.

Nombre d'entre nous, cependant, se sentent démunis face à ce sujet complexe et, reconnaissons-le, délicat qu'est un changement professionnel. Pour nous y engager, il nous faut une approche simple et efficace, en phase avec le contexte professionnel moderne et les besoins de chacun.

Cette approche, vous l'aurez deviné, c'est le business model, outil privilégié pour décrire, analyser et réinventer une carrière.

Ce n'est sans doute pas la première fois que vous entendez parler de business model, ou de modèle économique. De quoi s'agit-il, exactement ?

Au niveau économique le plus élémentaire, un modèle économique est **la façon dont une organisation entend gagner de l'argent**[3].

On utilise généralement ce terme pour décrire des entreprises. Ici, l'entreprise, c'est vous : vous êtes une entreprise d'une personne. Notre approche vous aide à définir et à modifier votre « business model personnel » – la façon dont vous exploitez vos points forts et vos talents pour vous développer sur les plans personnel et professionnel.

Les temps changent, les modèles économiques changent

Les turbulences actuelles du marché de l'emploi relèvent de facteurs sur lesquels les individus n'ont pas ou peu de prise : récession, changements démographiques, intensification de la concurrence mondiale, problèmes environnementaux, pour n'en citer que quelques-uns.

Ces changements échappent également au contrôle de la plupart des entreprises, mais ils ont une profonde influence sur les modèles économiques qu'elles utilisent.

Parce qu'elles ne peuvent changer leur *environnement*, les entreprises doivent faire évoluer leurs *modèles économiques* (et parfois en créer de nouveaux) pour rester compétitives.

Or, ces nouveaux modèles économiques bouleversent à leur tour le paysage et provoquent des changements. Cela crée des opportunités pour certains et du chômage pour d'autres.

Voyons quelques exemples.

Le nom de Blockbuster Video ne vous dit peut-être rien. Cette société américaine de location de vidéos a mis la clé sous la porte, acculée au dépôt de bilan par deux autres entreprises américaines, Netflix et Redbox, qui ont su séduire les consommateurs en mettant à leur disposition des films et des jeux vidéo par courrier, sur Internet et *via* des distributeurs automatiques.

L'émergence d'un nouveau modèle économique peut également avoir des conséquences pour les entreprises d'autres secteurs.

Netflix compte plus de 20 millions de clients qui, grâce à Internet, peuvent regarder des programmes de télévision sur des ordinateurs ou des consoles de jeux à toute heure du jour ou de la nuit – tout en sautant les publicités. Imaginez ce que cela implique pour une industrie audiovisuelle financée par des annonceurs qui achètent des créneaux horaires sur la base de deux règles sacro-saintes : 1) les publicités seront insérées dans des programmes diffusés auprès d'audiences de masse certains jours et à certaines heures, et 2) les téléspectateurs ne pourront pas filtrer les pubs.

Le web a également transformé les modèles économiques dans d'autres secteurs comme la musique, la publicité, la distribution et l'édition (sans Internet, ce livre aurait été impossible à produire).

De nouveaux modèles économiques transforment nos lieux de travail, partout, dans tous les secteurs. Pour survivre, les entreprises doivent évaluer et faire évoluer en permanence leurs modèles économiques.

Les cabinets de chasseurs de têtes, par exemple, fonctionnaient avec des employés à plein temps hautement qualifiés qui passaient des centaines de coups de téléphone chaque semaine et sillonnaient le pays pour déjeuner avec des recrues potentielles.

Aujourd'hui, le secteur a changé du tout au tout ; dans de nombreux cas, des collaborateurs à temps partiel, qui écument les sites web depuis leur domicile, ont remplacé les employés à plein temps.

Les individus aussi doivent changer

Individus et entreprises sont deux choses différentes, naturellement. Reste que, comme de nombreuses entreprises, vous ressentez les effets de facteurs, économiques notamment, qui échappent à votre contrôle.

Dès lors, comment entretenir réussite et satisfaction ? En comprenant votre mode de fonctionnement, pour ensuite adapter votre approche aux évolutions de votre environnement.

C'est ce que les compétences que vous allez acquérir dans *Business Model You* (maîtriser et élaborer une réflexion pertinente sur les modèles économiques) vous donneront le pouvoir de faire.

Être capable de **comprendre et décrire le modèle économique de votre organisation** vous aide à analyser comment celle-ci peut réussir, en particulier dans des périodes économiques troublées. Les collaborateurs soucieux de la réussite de l'entreprise (et qui savent comment y contribuer) sont les employés les plus précieux – et des candidats à de meilleurs postes.

Lorsque vous aurez compris comment un modèle économique s'applique à l'organisation où vous travaillez – et quelle est votre place dans ce modèle –, vous pourrez **utiliser la même démarche intellectuelle pour définir, affûter et développer votre propre carrière**. À partir du chapitre 3, vous définirez votre propre business model. Et, votre carrière progressant, vous pourrez utiliser les stratégies de *Business Model You* pour ajuster votre modèle et vous adapter aux évolutions du monde qui vous entoure.

Lire *Business Model You* vous conférera un avantage distinctif. Si de nombreux salariés définissent et documentent des *pratiques* d'entreprises, rares sont ceux qui définissent ou documentent méthodiquement des *modèles* économiques. Plus rares encore sont les individus qui appliquent le concept de business model à leur propre carrière.

CHAPITRE 2
Matrice du modèle économique

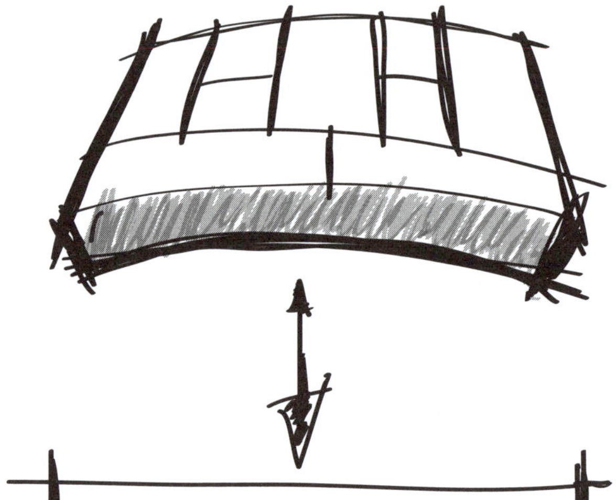

Pour nous, le « modèle économique » est *la logique avec laquelle une organisation assure sa viabilité financière.* Plus simplement, c'est *la façon dont l'entreprise gagne sa vie.*

Un modèle économique s'apparente à un plan décrivant le fonctionnement d'une entreprise.

Exactement comme un architecte prépare des plans pour guider la construction d'un bâtiment, un entrepreneur conçoit un modèle économique pour guider la création d'une entreprise. Un manager aussi peut dessiner un modèle économique, par exemple pour visualiser le fonctionnement d'une organisation existante.

Pour décrypter un modèle économique, il faut commencer par se poser deux questions :

1. Qui est le client ?
2. Quelle tâche a-t-il besoin d'accomplir ?

Pour mieux comprendre, intéressons-nous à trois entreprises.

En premier lieu citons Jiffy Lube®, le réseau américain de centres de services automobiles, qui propose notamment un service de vidange *drive-in*. Rares sont les automobilistes qui ont envie de faire eux-mêmes la vidange de leur voiture. La plupart manquent du savoir-faire et des outils nécessaires, et préfèrent s'épargner cette corvée salissante (ainsi que le casse-tête du recyclage de l'huile usagée). Pour 25 ou 30 dollars, Jiffy Lube® s'occupe de tout et met à la disposition des conducteurs son armada de spécialistes.

Deuxième exemple : Ning. Ning permet à tout un chacun de créer et d'administrer en toute simplicité et à peu de frais des réseaux sociaux personnalisés. Construire, héberger et faire fonctionner un réseau social offrant des fonctionnalités de type Facebook n'est pas à la portée de toutes les entreprises (ni de tous les individus) : il faut de l'argent et des compétences spécifiques. D'où l'idée de Ning de proposer un substitut simple et bon marché : un modèle (*template*) de réseau social, modifiable à de multiples niveaux.

La société Vesta, enfin, encaisse les achats électroniques pour le compte de sociétés qui servent des centaines de milliers de clients chaque jour. Traiter des volumes importants de transactions de ce type est complexe et exige une sécurité et des dispositifs anti-fraude de pointe – deux choses que la plupart des entreprises n'ont pas les moyens de développer et d'entretenir elles-mêmes.

Qu'ont donc en commun ces trois entreprises ?
Toutes sont rémunérées pour aider les clients à accomplir certaines tâches.

- Jiffy Lube® réalise des tâches d'entretien indispensables pour les propriétaires de voitures (et leur évite de salir leur garage et leurs vêtements).
- Les clients de Ning sont des individus qui ont besoin de promouvoir une cause : l'entreprise les aide à bâtir une communauté pour y parvenir, à un coût raisonnable et sans avoir besoin d'engager un technicien.
- Vesta aide les entreprises à se concentrer sur des domaines de compétence sans rapport avec la collecte de paiements.

Cela semble tout simple, n'est-ce pas ?

Oui, mais définir les « clients » et les « tâches » n'est pas toujours aussi facile que dans les exemples précédents. C'est notamment le cas dans les secteurs de l'éducation, la santé, l'administration, la finance, les technologies ou encore dans le domaine juridique.

La démarche de modélisation proposée dans ce livre vous aide à identifier et à décrire les clients et les tâches. Vous apprendrez comment vous pouvez aider les clients à accomplir leurs tâches et ce faisant, vous découvrirez comment gagner plus d'argent et retirer davantage de satisfaction de votre travail.

Toute organisation possède un modèle économique

Les entreprises à but lucratif sont-elles les seules à avoir un business model ?

Non.

Toutes les entreprises ont un modèle économique.
En effet, toute organisation moderne (administration publique, entreprise privée, association, etc.) ou presque a besoin d'argent pour accomplir son travail.

Imaginons que vous travailliez pour l'association New York Road Runners (NYRR), qui promeut la santé et le bien-être par la course à pied, en organisant des épreuves, des cours, des ateliers et des stages de *running*. Bien que NYRR soit une organisation à but non lucratif, elle doit :

- Payer les salaires de son personnel.
- Acheter des permis, payer l'eau, le chauffage, l'électricité, la maintenance, les frais juridiques et autres dépenses courantes.
- Acheter des fournitures pour les épreuves qu'elle organise (systèmes de chronométrage, dossards, rafraîchissements, maillots, médailles par exemple).
- Se constituer un fonds de réserve pour développer de nouveaux services.

La motivation principale de NYRR n'est pas l'argent ; son but est d'aider les « clients » locaux qui veulent rester en forme et en bonne santé. Il n'empêche : même une organisation à but non lucratif a besoin d'argent pour accomplir sa mission.

Comme toute entreprise, NYRR *doit être rémunérée pour aider les clients à accomplir certaines tâches*.

À présent, appliquons nos deux questions à NYRR.

Qui est le client ?
Les principaux clients de NYRR sont les adeptes de la course à pied et tous les New-Yorkais qui souhaitent entretenir leur forme physique dans un cadre convivial.

Ils se répartissent en deux catégories : les membres annuels (des personnes qui cotisent pour faire partie du groupe et en retirent certains avantages) et les personnes qui ne sont pas membres annuels, mais qui payent pour participer à certaines courses et certains événements.

Quelle tâche le client a-t-il besoin d'accomplir ?
Le principal travail de NYRR consiste à organiser des événements liés à la course à pied, dans la région de New York.

NYRR est donc un groupe à but non lucratif *dont les clients payent les services.*

Mais qu'en est-il des organisations qui fournissent des services gratuits aux clients ? Le concept de modèle économique s'applique-t-il également à elles ?

Oui !

Imaginons une association que nous appellerons La main tendue, organisation caritative qui héberge, nourrit et donne des cours à des enfants orphelins. Comme NYRR, La main tendue a besoin d'argent pour mener à bien sa mission. L'association doit notamment :

- Acheter de la nourriture, des vêtements, des livres et des fournitures pour les enfants dont elle s'occupe.
- Payer les salaires de son personnel.
- Louer des dortoirs/installations scolaires, payer l'eau, le chauffage, l'électricité, la maintenance, les frais juridiques et autres dépenses courantes.
- Se constituer un fonds de réserve pour développer ses services, etc.

Revenons à nos deux questions. Ici, les réponses sont un peu différentes.

Qui est le client ?
La main tendue a deux types de clients : 1) les enfants, qui sont les véritables bénéficiaires de ses services, et 2) les donateurs et autres sympathisants qui, en donnant de l'argent et en achetant les objets confectionnés par les enfants, permettent à l'association d'accomplir sa mission.

Quelle tâche le client a-t-il besoin d'accomplir ?
La main tendue a deux tâches : 1) s'occuper d'enfants orphelins, et 2) offrir à des organisations caritatives plus importantes et à des donateurs individuels des moyens d'accomplir leur devoir philanthropique et/ou d'assouvir leurs aspirations. En échange de ces opportunités, ces clients « rémunèrent » l'association sous la forme de dons, subventions, souscriptions et achats d'objets.

Point clé : *toute organisation qui apporte un service gratuit à un groupe de clients doit avoir un autre groupe de clients qui subventionne celui qui ne paye pas.*

On voit ainsi que nos deux questions s'appliquent bien à La main tendue, exactement comme elles s'appliquent à toute initiative à but lucratif.

La dure réalité

Qu'arriverait-il à La main tendue si l'organisation ne recevait plus de dons et de subventions ?

Elle serait dans l'impossibilité d'accomplir sa mission. Même si tous les collaborateurs de l'association acceptaient de continuer à travailler sans être payés, l'organisation serait dans l'incapacité de couvrir d'autres coûts essentiels. Elle n'aurait d'autre choix que de fermer ses portes.

Dans nos économies modernes, aucune entreprise ou presque (administrations publiques comprises !) n'échappe à cette dure réalité : *sans argent, tout s'arrête.*

Chaque entreprise a des objectifs qui lui sont propres. Mais pour survivre et prospérer, toutes doivent se plier à la même logique : gagner leur vie. Toutes doivent posséder un modèle économique viable.

La définition de « viable » est simple : *il doit entrer plus d'argent qu'il n'en sort.* Ou, à tout le moins, *il doit entrer autant d'argent qu'il en sort.*

Vous connaissez désormais la logique de base des modèles économiques : comment les clients et l'argent permettent aux entreprises de vivre. Mais les modèles économiques ne se limitent pas à cela. La matrice, qui décrit l'articulation des neuf composants d'un business model, donne une représentation visuelle du fonctionnement des organisations.

Pourquoi une représentation visuelle ?

Comprendre comment fonctionnent les organisations n’est pas facile. Les grandes organisations ou les organisations complexes ont tant de composants qu’il est difficile d’avoir une image d’ensemble sans les représenter visuellement.

La matrice fournit une grille visuelle permettant une représentation simplifiée des organisations complexes.

Les images aident également à transformer les hypothèses non dites en informations explicites. Et les informations explicites nous aident à penser et à communiquer plus efficacement.

Les neuf blocs de base

Comment les organisations apportent de la valeur aux clients.

*Clients**

Une organisation sert des clients…

*Valeur apportée**

… en résolvant leurs problèmes ou en satisfaisant leurs besoins.

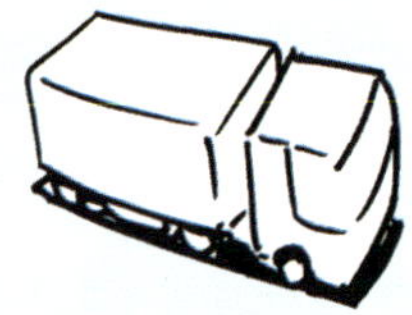

Canaux

Les organisations communiquent et délivrent la valeur de différentes manières…

Relations avec le client

… et établissent et entretiennent différents types de relations avec les clients.

*Revenus**
L'argent rentre lorsque les clients payent pour la valeur apportée.

Ressources clés
Ce sont les actifs requis pour créer et/ou apporter les éléments précédemment décrits.

Activités clés
Ce sont les tâches et actions concrètes requises pour créer et apporter les éléments précédemment décrits.

Partenaires clés
Certaines activités sont externalisées et certaines ressources sont acquises à l'extérieur de l'organisation.

*Coûts**
Ce sont les dépenses encourues pour acquérir les ressources clés, accomplir les activités clés et travailler avec les partenaires clés.

* Dans *Business Model nouvelle génération*, ces blocs correspondent respectivement aux blocs Segments de clientèle, Proposition de valeur, Flux de revenus et Structure de coûts.

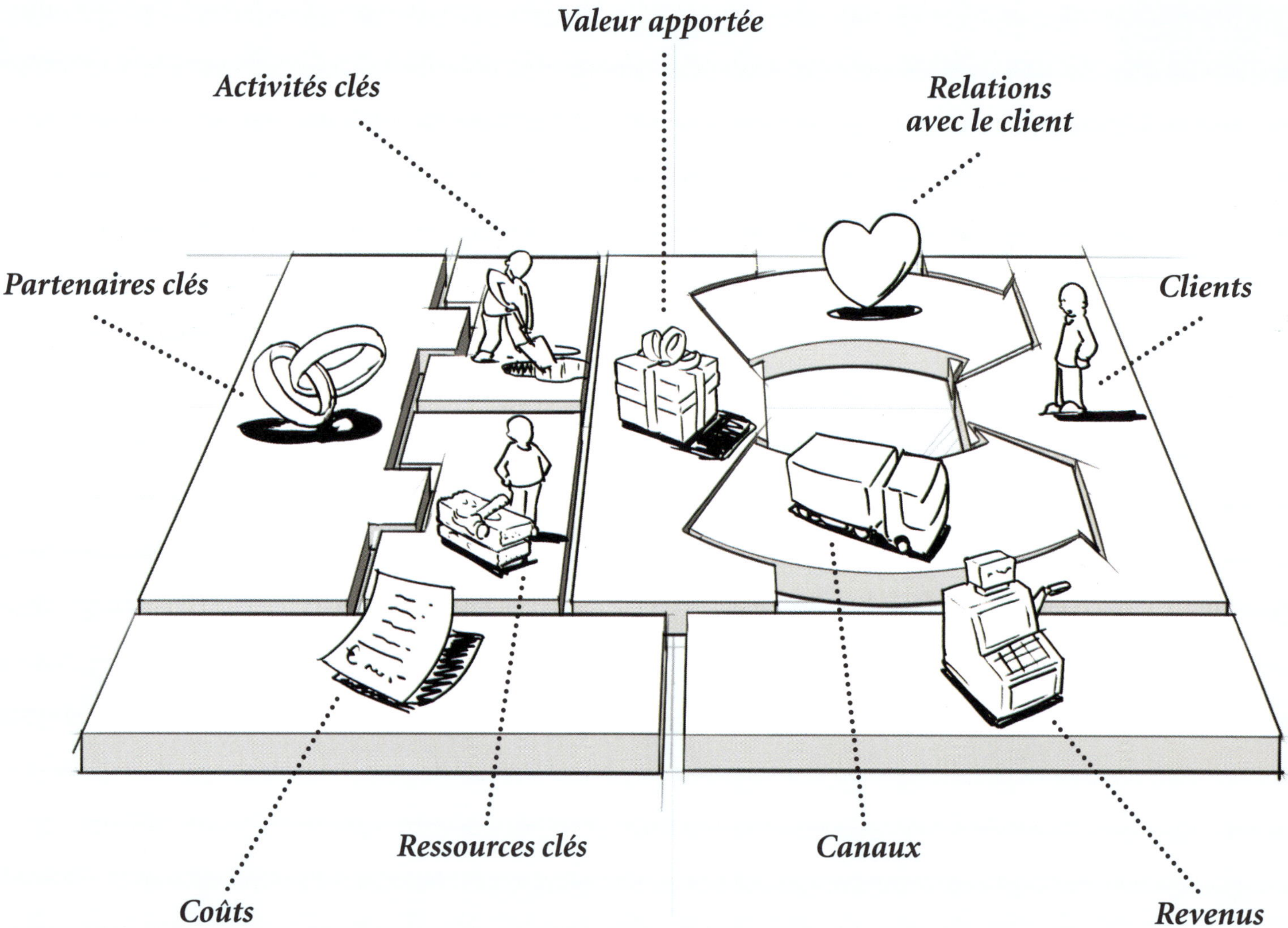
Valeur apportée
Activités clés
Relations
avec le client
Partenaires clés
Clients
Ressources clés
Canaux
Coûts
Revenus

Clients

Les clients sont la raison d'exister d'une organisation. Aucune organisation ne survit longtemps sans clients payants.

Toute organisation sert un ou plusieurs groupes de clients différents.

Les organisations qui ont pour clients d'autres organisations ont des activités dites « b-to-b », ou interentreprises. Les organisations qui ont pour clients des consommateurs ou le grand public ont des activités dites « b-to-c », ou grand public.

Certaines entreprises ont à la fois des clients payants et des clients non payants. La plupart des utilisateurs de Facebook, par exemple, ne payent rien à l'entreprise pour ses services. Pourtant, sans des centaines de millions de clients non payants, Facebook n'aurait rien à vendre aux annonceurs ou aux spécialistes des études de marché. Les clients non payants peuvent donc être essentiels à la réussite d'un modèle économique.

Mémo clients

- Différents clients peuvent exiger une valeur, des canaux ou des modes de relations différents.
- Certains clients payent, d'autres pas.
- Les entreprises gagnent souvent beaucoup plus d'argent avec un groupe de clients qu'avec un autre.

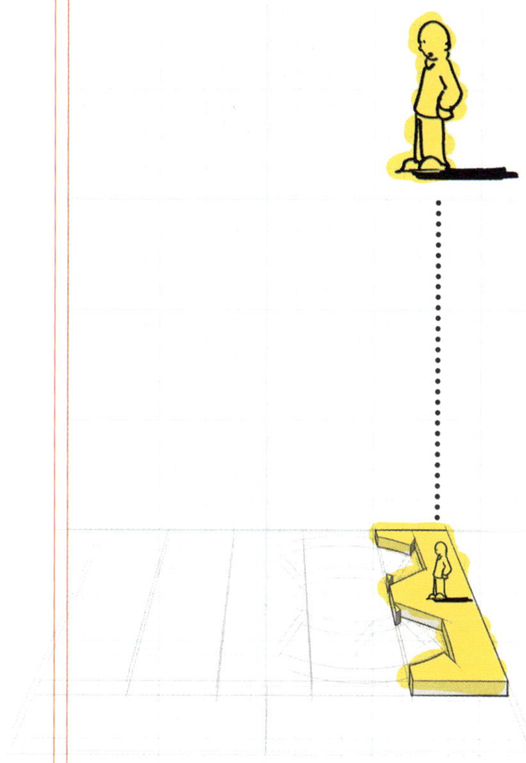

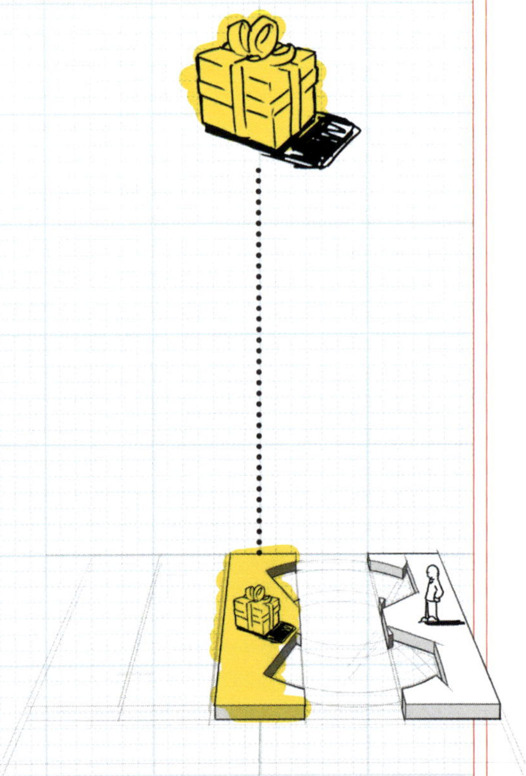

Valeur apportée

La valeur apportée correspond aux bénéfices clients créés par des « ensembles » de services ou de produits. C'est d'abord sur sa capacité à leur apporter de la valeur que les clients choisissent une entreprise.

Quelques exemples d'éléments apportant de la valeur aux clients :

Commodité

Épargner du temps ou des désagréments au client est un bénéfice important. Aux États-Unis, par exemple, le service de location de films et de jeux vidéo Redbox implante des distributeurs automatiques dans des lieux très fréquentés, comme les supermarchés. Pour de nombreux utilisateurs, Redbox représente la méthode de prise/dépose de films la plus commode.

Prix

Les clients choisissent souvent un service parce qu'il leur permet d'économiser de l'argent. Skype, par exemple, propose des services de communication vocale internationale à un tarif plus intéressant que les opérateurs téléphoniques.

Design

De nombreux clients sont disposés à payer pour la qualité du design d'un produit et/ou d'un service. Plus cher que ses concurrents, l'iPod d'Apple relève d'un design et d'une conception sans faille, tant du point de vue esthétique et ergonomique que comme service intégré de téléchargement/écoute de musique.

Marque ou statut

Certaines entreprises apportent de la valeur en aidant leurs clients à se sentir exceptionnels ou prestigieux. Ainsi, des consommateurs du monde entier sont prêts à payer très cher la maroquinerie et les vêtements de luxe Louis Vuitton. La marque a su se construire une image synonyme de bon goût, d'opulence et d'appréciation de la qualité.

Réduction des coûts

Les entreprises peuvent aider d'autres entreprises à réduire leurs coûts et, partant, à augmenter leurs revenus. Par exemple, au lieu d'acheter et d'assurer la maintenance de leurs propres serveurs informatiques et infrastructures de télécommunication avancées, de plus en plus d'entreprises trouvent moins coûteux de recourir à des serveurs distants accessibles par Internet, maintenus par des prestataires (services d'informatique dans le nuage).

Réduction du risque

Les clients industriels souhaitent également réduire le risque, en particulier le risque lié aux investissements. Des sociétés comme Gartner, par exemple, vendent des services d'études et de conseil pour aider les autres entreprises à évaluer les bénéfices potentiels de nouveaux investissements informatiques et technologiques.

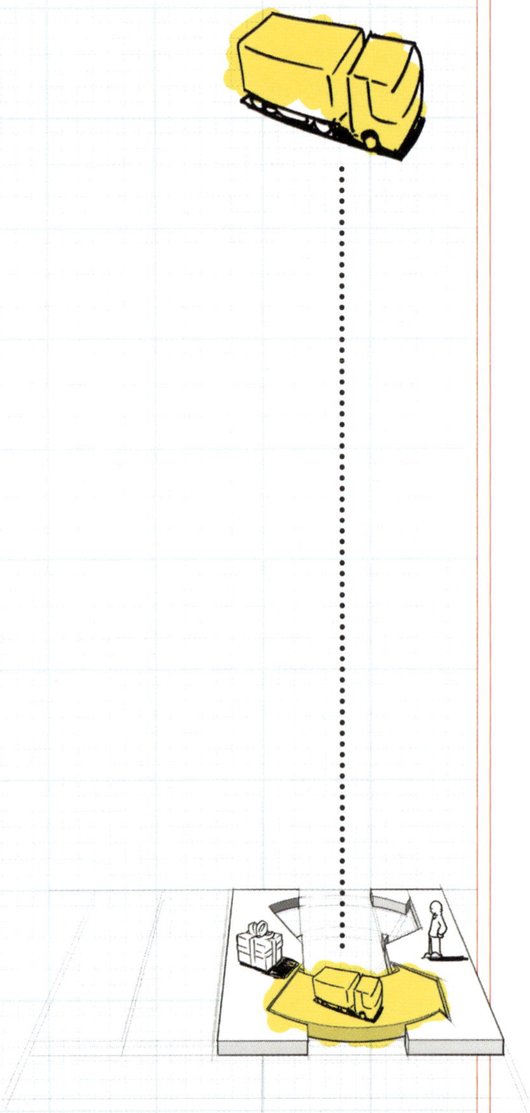

Canaux

Les canaux remplissent cinq fonctions :

1. *Sensibiliser* à l'existence des services ou produits.
2. Aider les clients potentiels à *évaluer* les produits ou services.
3. Permettre aux clients d'*acheter*.
4. *Apporter* la valeur aux clients.
5. *Assurer la satisfaction* après l'achat *via* le service après-vente.

Types de canaux

- Interactions en face à face et/ou par téléphone.
- Sur site ou en magasin.
- Livraison physique.
- Le web (médias sociaux, blogs, e-mails, etc.).
- Médias traditionnels (télévision, radio, journaux, etc.).

Relations avec le client

Les entreprises doivent définir avec précision le type de relations que préfèrent les clients. Personnelle ? Automatisée ou en libre-service ? Transaction unique ou abonnement ?

Qui plus est, les entreprises doivent déterminer l'objectif premier de la relation avec le client. S'agit-il pour elles d'acquérir de nouveaux clients ? Fidéliser les clients existants ? Ou tirer davantage de revenus des clients existants ?

Cet objectif peut évoluer au cours du temps. Par exemple, aux premières heures de la téléphonie mobile, les sociétés de téléphones cellulaires se concentraient sur l'acquisition de clients, en ayant recours à des tactiques commerciales agressives – ainsi de proposer des téléphones gratuits. Lorsque le marché a mûri, elles ont déplacé leurs efforts sur la fidélisation des clients et l'augmentation du revenu moyen par client.

Voici un autre élément à prendre en compte : de plus en plus d'entreprises (Amazon.com, YouTube, et *Business Model You*) cocréent des produits ou des services avec les clients.

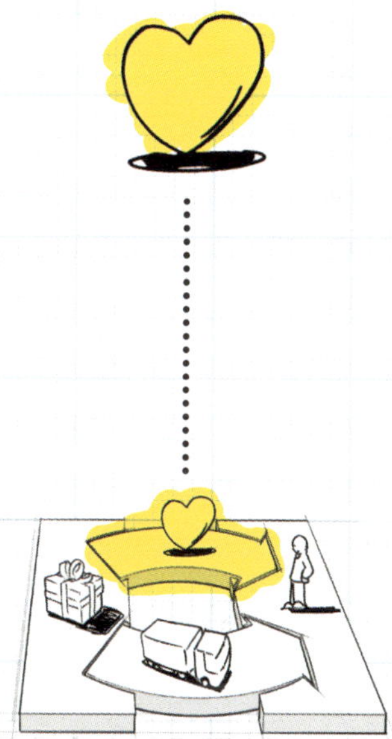

Revenus

Les entreprises doivent : 1) déterminer pour quelle valeur les clients sont réellement disposés à payer, et 2) accepter les modes de paiement que les clients préfèrent.

Il y a deux catégories de revenus : 1) les paiements des clients occasionnels, et 2) les paiements récurrents pour des produits, des services, la maintenance ou le support après l'achat. En voici quelques types particuliers :

Vente au comptant

Les clients achètent les droits de propriété d'un produit physique. Toyota, par exemple, vend des voitures que les acheteurs sont libres de conduire, revendre, démonter ou détruire.

Location

Louer signifie acheter le droit temporaire exclusif d'utiliser quelque chose pour une période donnée : une chambre d'hôtel, un appartement ou une voiture de location par exemple. Ceux qui louent (locataires) s'épargnent les coûts de propriété, et les propriétaires (loueurs) jouissent de revenus récurrents.

Redevance de service ou d'usage

Les opérateurs de téléphonie font payer les usagers à la minute et les transporteurs facturent les clients au colis. Les médecins et les avocats facturent des honoraires à l'heure ou à l'acte. Les vendeurs d'espace publicitaire, comme Google, facturent au nombre de clics ou d'expositions. Les services de sécurité sont rémunérés pour être en alerte et intervenir lorsqu'une alarme se déclenche.

Abonnements

Les magazines, les salles de sport et les prestataires de jeux vidéo en ligne vendent un accès continu à des services sous la forme d'abonnements.

Licences

Les détenteurs de droits de propriété intellectuelle peuvent donner aux clients la permission d'utiliser ce qu'ils ont créé en échange de droits de licence.

Commissions d'intermédiation (appariement)

Les agences immobilières sont rémunérées par des commissions d'intermédiation pour mettre en relation vendeurs et acheteurs ; les services d'offres d'emploi, de type Monster.com, sont rémunérés par des commissions pour mettre en relation demandeurs d'emploi et employeurs.

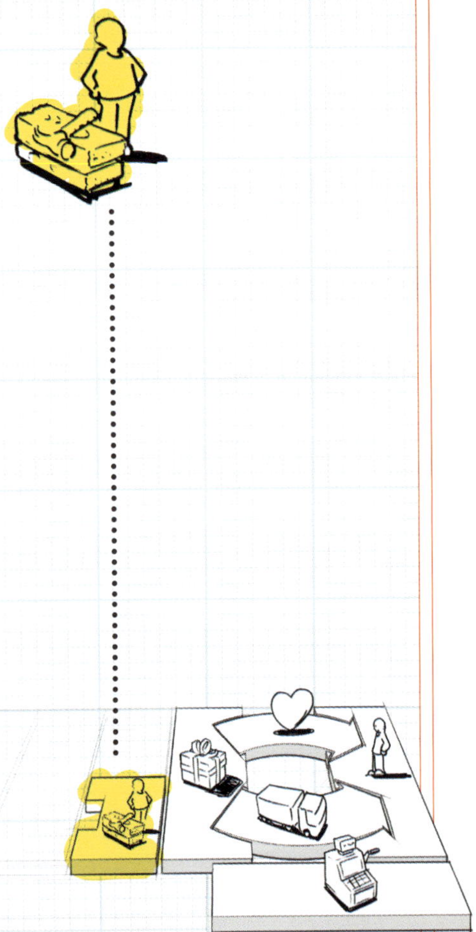

Ressources clés

Il en existe quatre types.

Ressources humaines

Toutes les entreprises ont besoin de collaborateurs, mais certains modèles économiques sont plus dépendants que d'autres des ressources humaines. La clinique Mayo, par exemple, à Rochester dans le Minnesota, a besoin de médecins et de chercheurs possédant des compétences médicales de pointe. De même, les laboratoires pharmaceutiques, comme Roche, ont besoin de chercheurs de haut vol et de nombreux représentants commerciaux qualifiés.

Ressources physiques

Les terrains, les bâtiments, les machines et les véhicules sont des éléments essentiels de nombreux modèles économiques. Amazon.com, par exemple, a besoin d'entrepôts gigantesques et de matériel de manutention spécialisé et coûteux.

Ressources intellectuelles

Elles comprennent les éléments immatériels tels que les marques, systèmes et méthodes développés par l'entreprise, logiciels, brevets, droits de propriété intellectuelle. La société Jiffy Lube® possède une marque forte – et ses propres méthodes pour servir les clients – qu'elle propose en licence à des franchisés. Le fabricant de circuits intégrés Qualcomm a construit son modèle économique autour de concepts brevetés qu'il exploite sous la forme de licences.

Ressources financières

Il s'agit des liquidités, lignes de crédit ou garanties financières. Le fabricant d'équipements de télécommunication Ericsson emprunte parfois auprès des banques, puis utilise une partie de ces fonds pour aider les clients à financer des achats d'équipement, s'assurant ainsi que les commandes sont placées auprès d'Ericsson et non de ses concurrents.

Activités clés

Ce sont les choses les plus importantes que doit faire une entreprise pour que son modèle économique fonctionne.

Faire : fabriquer les produits, concevoir/développer/délivrer des services et résoudre des problèmes. Pour les entreprises de services, « faire » peut désigner à la fois la préparation de la prestation future et la prestation elle-même. Les services, en effet (par exemple, se faire couper les cheveux), sont « consommés » au moment de la prestation.

Vendre : promouvoir, faire connaître ou former les clients à la valeur du service ou du produit. Par exemple : appels commerciaux, planification ou déploiement des campagnes de publicité ou des promotions, et sensibilisation ou formation.

Soutenir : contribue au fonctionnement harmonieux de l'organisation mais n'est pas directement associé à « faire » ou « vendre ». Par exemple : recruter des collaborateurs, tenir la comptabilité ou accomplir d'autres tâches administratives.

Nous avons tendance à envisager notre travail en termes de tâches (activités clés) et non en termes de *valeur* apportée par les tâches en question. Mais lorsque les clients choisissent une organisation, ils sont plus intéressés par la *valeur* qu'ils recevront que par la tâche en tant que telle.

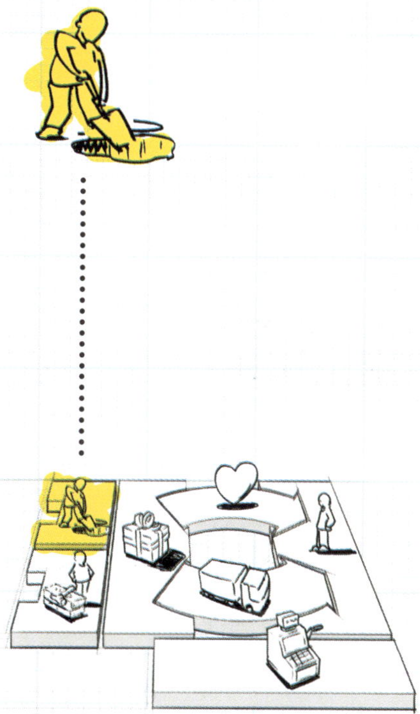

Partenaires clés

Ce réseau contribue à rendre un modèle économique performant.

Il ne serait pas logique pour une entreprise de posséder toutes les ressources ou d'accomplir elle-même toutes les activités. Certaines activités exigent des équipements coûteux ou une expertise exceptionnelle. C'est la raison pour laquelle la plupart des entreprises externalisent la préparation de la paye à des sociétés spécialisées.

Les partenariats, cependant, peuvent prendre d'autres formes. Une entreprise de location de vêtements de mariage, un fleuriste et un photographe, par exemple, pourraient envisager de partager gratuitement leurs listes de clients pour collaborer sur des activités promotionnelles bénéficiant aux trois parties.

Coûts

Acquérir les ressources clés, accomplir les activités clés et travailler avec les partenaires clés est assorti de coûts.

Il faut de l'argent pour créer et apporter de la valeur, entretenir les relations avec les clients et générer des revenus. Une fois les ressources clés, les activités clés et les partenaires clés définis, il est possible d'évaluer les coûts.

La « scalabilité » (évolutivité) est une notion importante liée aux coûts et à la performance globale d'un modèle économique. Pour une entreprise, être évolutive signifie être capable de faire face à une augmentation importante de la demande – être en mesure de servir efficacement un nombre beaucoup plus important de clients sans mettre en danger ou sacrifier la qualité. En termes financiers, cela signifie que le coût supplémentaire pour servir chaque client additionnel diminue au lieu d'être constant ou d'augmenter.

Un éditeur de logiciels en offre un bon exemple. Une fois développé, un programme informatique peut être reproduit et distribué à peu de frais. La dépense pour servir un client supplémentaire qui télécharge le logiciel, par exemple, est proche de zéro.

En revanche, les sociétés de conseil et les entreprises de services à la personne sont rarement évolutives. En effet, chaque heure passée à servir un client additionnel requiert une heure supplémentaire du consultant ou du prestataire. Le coût supplémentaire pour servir chaque client additionnel reste constant. D'un point de vue financier, les entreprises évolutives sont plus attrayantes que celles qui ne le sont pas.

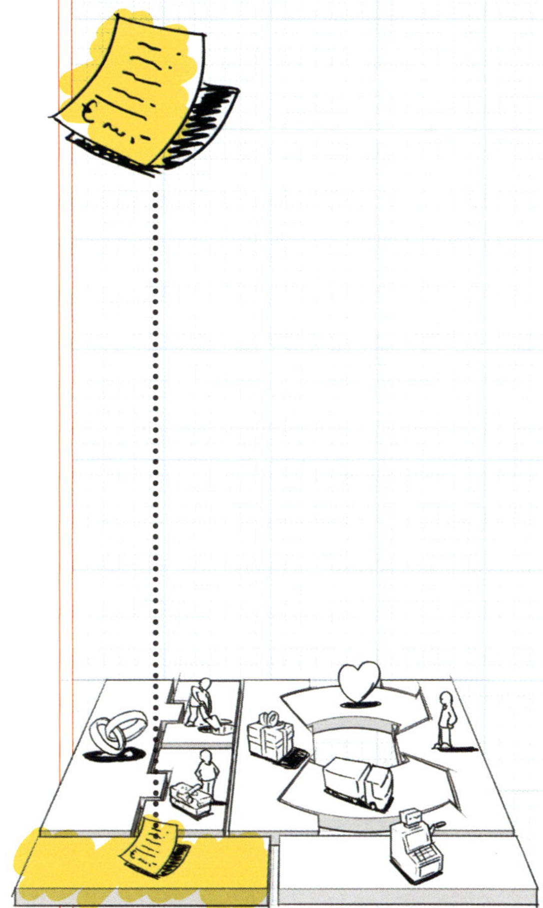

Dessins : JAM

Ensemble, les neuf blocs de base constituent

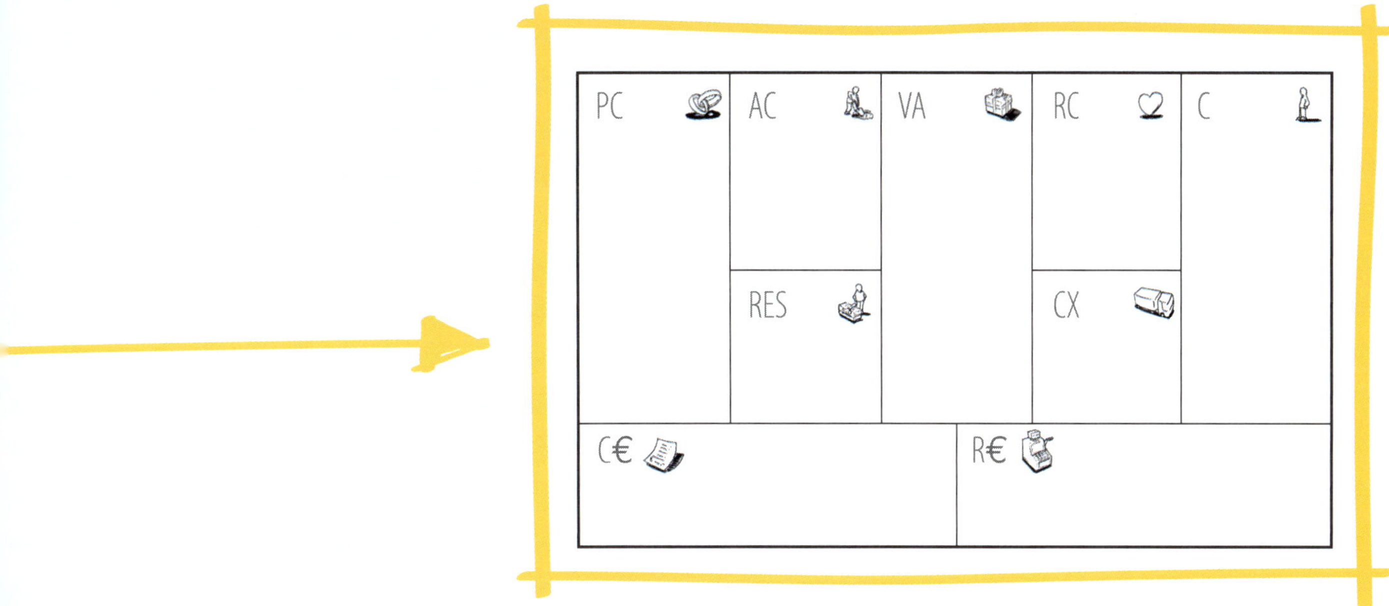

un outil précieux : la matrice du modèle économique.

Maintenant, à votre tour !

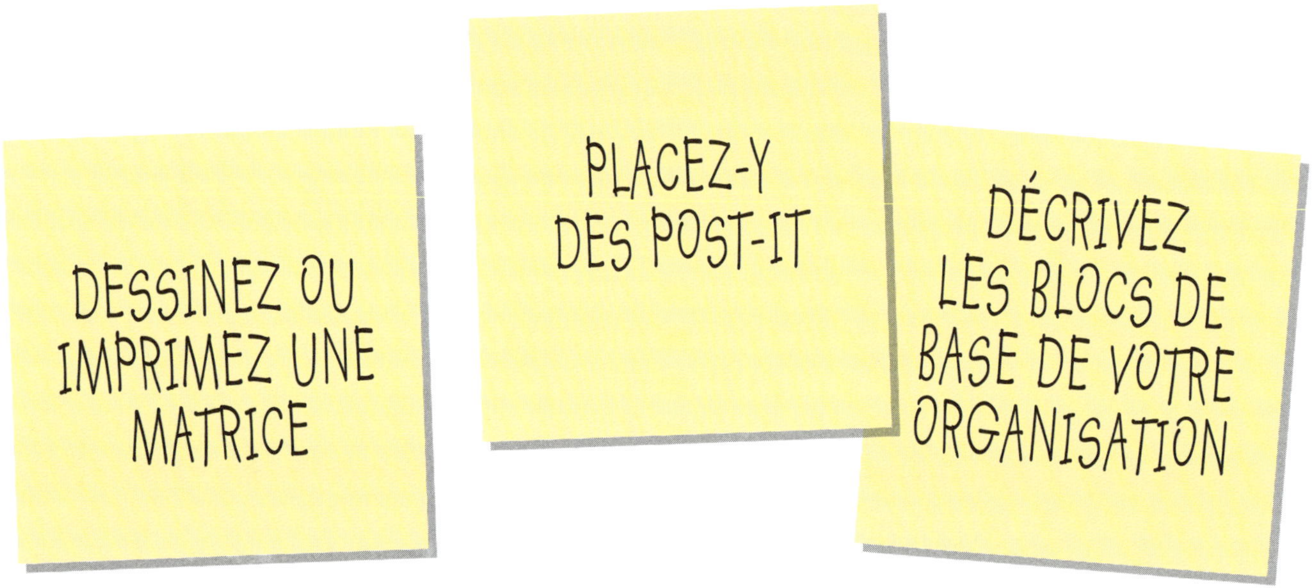

Le modèle économique de mon organisation

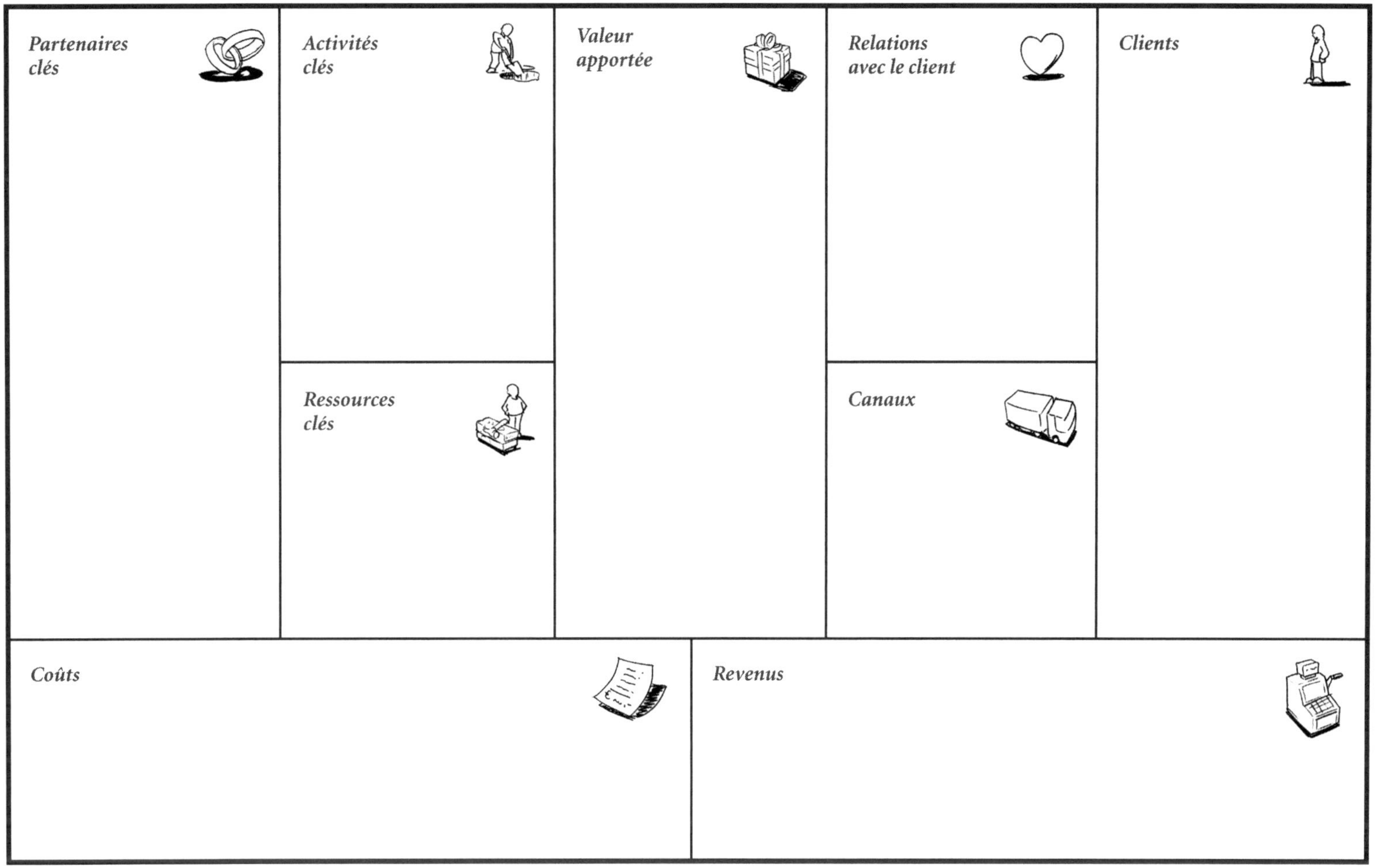

Vous pouvez télécharger un PDF de la matrice (en anglais) sur notre site **businessmodelgeneration.com/canvas**.

Le modèle économique de craigslist

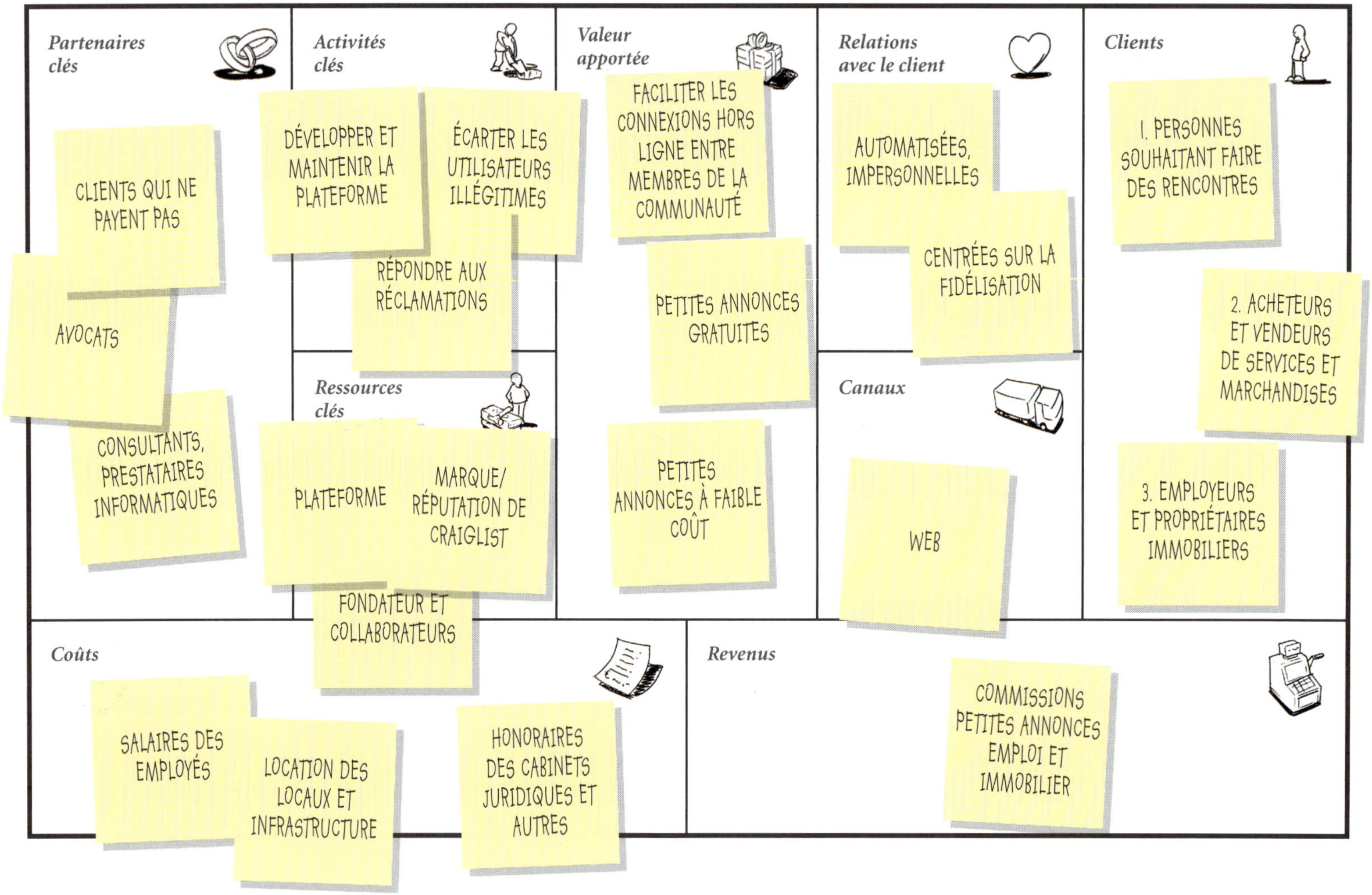

Craigslist publie des petites annonces pour aider les gens à trouver un travail et un logement, entrer en contact avec des membres de la communauté et acheter, vendre ou troquer des services ou des marchandises. L'entreprise compte 700 sites dans 70 pays et met en ligne chaque mois plus d'un million d'offres d'emploi. Malgré sa culture d'entreprise atypique, craigslist est une des sociétés les plus rentables au monde en termes de revenus par employé : ses 30 collaborateurs génèrent un chiffre d'affaires annuel de plus de 100 millions de dollars, selon les analystes du secteur[4].

Clients

La plupart des clients de craigslist ne payent rien pour le service. Craigslist facture des commissions aux employeurs et aux propriétaires immobiliers dans certaines villes. Ces clients payants subventionnent ceux qui ne payent pas.

Valeur apportée

En tant que service en ligne, craigslist propose une offre originale : l'entreprise apporte de la valeur en facilitant les contacts *hors ligne* entre membres de la communauté. Autre valeur apportée : les petites annonces gratuites, que les clients utilisent pour tous les services ou produits imaginables ou presque. Ces éléments de valeur ont valu à craigslist une base de clients étendue et fidèle, grâce à laquelle l'entreprise apporte une troisième valeur : des publicités efficaces et peu coûteuses pour les employeurs et les propriétaires immobiliers.

Canaux

Le service est promu et délivré exclusivement *via* Internet.

Relations avec le client

Les utilisateurs créent, éditent et publient des petites annonces sur le site en utilisant un processus automatisé, sans intervention du personnel de craigslist. L'entreprise s'en remet essentiellement aux utilisateurs pour modérer les forums et repérer d'éventuelles fraudes. Craigslist concentre ses efforts sur l'optimisation de l'expérience utilisateur pour les clients existants plutôt que sur l'innovation en vue de séduire de nouveaux clients.

Revenus

Seuls les employeurs et les propriétaires immobiliers (groupe de clients 3) génèrent des revenus pour craigslist .

Ressources clés

La ressource numéro un de craigslist est sa « plate-forme ». Une plate-forme est un mécanisme automatisé ou « moteur » qui permet les interactions entre les clients. La réputation du fondateur de craigslist, Craig Newmark, et sa philosophie du service au public sont une autre ressource clé, tout comme le directeur général et l'ensemble du personnel de l'entreprise.

Activités clés

L'activité la plus importante de craigslist est le développement et la maintenance de sa plate-forme. Google pourrait voir partir demain 100 ingénieurs sans sourciller, mais une panne d'une journée de son site web serait une catastrophe. Toutes proportions gardées, la même chose est vraie de craigslist. Outre le développement et l'entretien de la plate-forme, les collaborateurs consacrent du temps à gérer les hackers, les spammeurs et autres utilisateurs illégitimes.

Partenaires clés

Les clients non payants de craigslist sont ses partenaires les plus importants parce qu'ils s'efforcent de préserver l'honnêteté et la courtoisie entre usagers.

Coûts

Entreprise non cotée en Bourse, craigslist n'est pas tenue de révéler son chiffre d'affaires ou ses bénéfices. Mais l'entreprise est installée dans des locaux modestes et ne compte que 30 collaborateurs, d'où des coûts dérisoires par rapport à des géants comme Facebook, Twitter et eBay. Les dépenses récurrentes clés comprennent les salaires, les frais d'infrastructure des serveurs et de télécommunications, et la location des bureaux. Du fait de son envergure au sein du secteur et de ses nombreux autres projets, craigslist encourt également des honoraires juridiques et comptables importants. De fait, certains observateurs estiment que ces dépenses sont supérieures à la somme de tous ses autres coûts.

CHAPITRE 3

Matrice pour votre business model personnel

À présent, intéressons-nous au modèle économique le plus important de tous : le vôtre.

La matrice permet de décrire les business models personnels exactement comme les modèles économiques d'entreprises. Il convient toutefois de noter deux différences :

- Dans le business model d'un individu, la ressource clé, c'est l'individu, en l'occurrence, vous : vos centres d'intérêt, vos compétences et capacités, votre personnalité, et les actifs que vous possédez ou contrôlez. Dans les organisations, l'éventail des ressources clés est souvent plus large – ainsi des ressources humaines en particulier.

- Un business model personnel prend en compte des coûts et des bénéfices « immatériels » (le stress et la satisfaction, par exemple) difficiles à quantifier. Le modèle économique d'une organisation ne prend généralement en compte que les coûts et les bénéfices monétaires.

Les blocs de base du business model personnel peuvent être décrits comme ci-contre.

La matrice du business model PERSONNEL

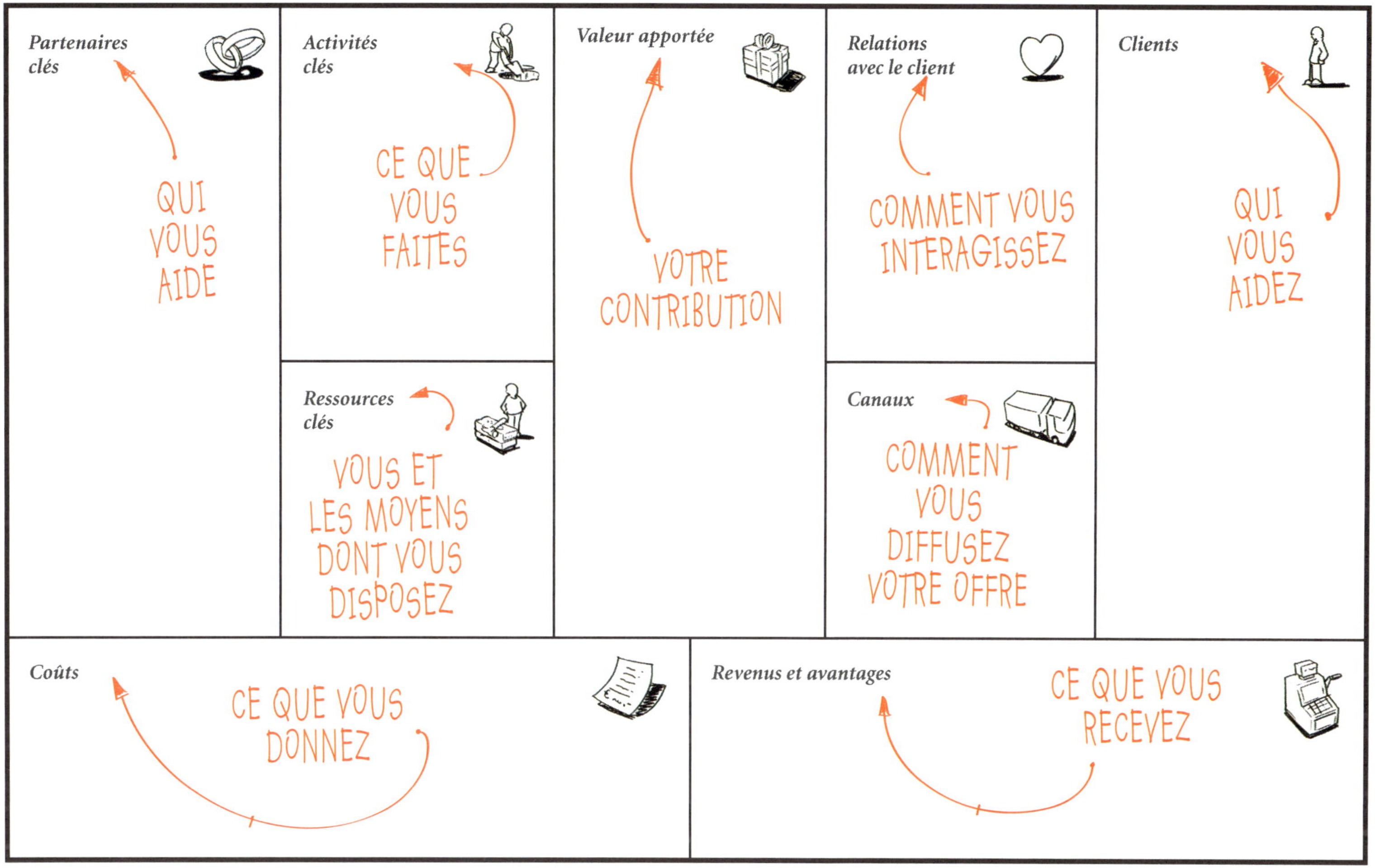

Vous pouvez télécharger un PDF de la matrice (en anglais) sur notre site **businessmodelgeneration.com/canvas**.

Votre premier business model personnel : à votre crayon !

Armez-vous d'une feuille de papier, d'un crayon et de post-it ; c'est dans ce chapitre que votre business model va commencer à prendre forme. N'oubliez pas : lorsque vous représentez votre premier business model, limitez-vous aux activités professionnelles que vous exercez pour gagner votre vie.

Donner une représentation précise de vos activités professionnelles permettra de prendre en charge par la suite les éléments « immatériels » de votre carrière : satisfaction, stress, reconnaissance, gestion du temps, engagement citoyen, etc.

CES RÉINVENTEURS VONT VOUS GUIDER

Un bloc, un témoignage

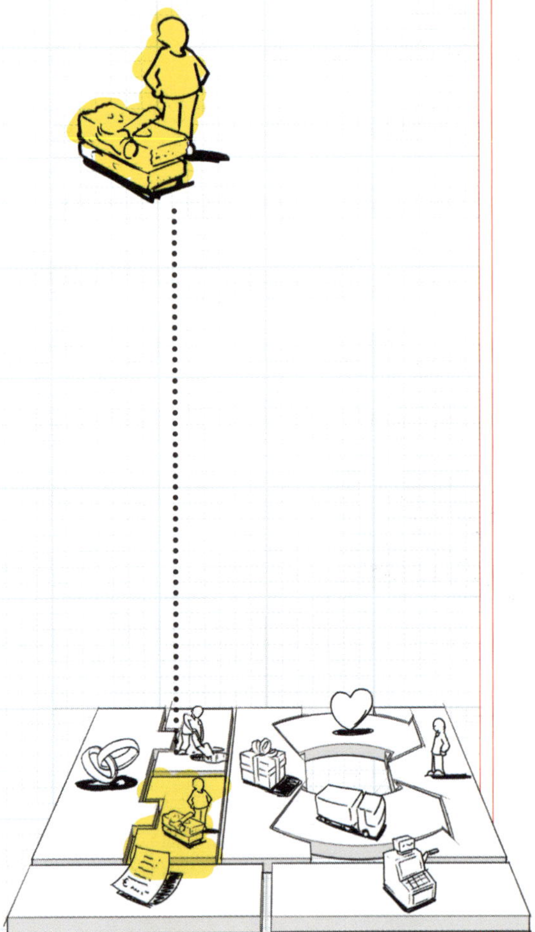

Ressources clés

(Vous et les moyens dont vous disposez)

Les entreprises peuvent attirer d'importantes ressources humaines, financières, physiques et intellectuelles : collaborateurs, argent, équipements, immobilier et propriété intellectuelle. Il en va différemment des acteurs individuels, dont les ressources sont limitées : nous ne pouvons compter que sur nous-mêmes, ou presque. Vos ressources clés personnelles se composent de *vous* – 1) vos centres d'intérêt, 2) vos capacités et compétences, et 3) votre personnalité –, *et des moyens dont vous disposez* : connaissances, expériences, contacts personnels et professionnels, et autres ressources ou actifs matériels ou immatériels.

Vos centres d'intérêt – les choses qui vous enthousiasment et vous passionnent – pourraient bien être votre ressource la plus précieuse. Car c'est d'eux que découle la satisfaction professionnelle. **Inscrivez vos centres d'intérêt les plus importants dans le bloc Ressources clés**.

Viennent ensuite les capacités et les compétences. Les capacités sont des talents naturels, innés : des choses que vous faites facilement ou sans effort. Établissez la liste de vos capacités : *raisonnement spatial, animation de groupes, aptitudes mécaniques*, par exemple. Les compétences, quant à elles, sont des talents appris ou acquis : vous avez progressé grâce à la pratique et à l'étude. **Dressez la liste** de celles qui vous distinguent : *soins infirmiers, analyse financière, BTP, programmation informatique*.

Vient enfin votre personnalité. **Inscrivez des traits qui vous décrivent :** bonne intelligence émotionnelle, travailleur, amical, calme, posé, réfléchi, énergique, sens du détail, etc.

Naturellement, vos centres d'intérêt, vos capacités, vos compétences et votre personnalité ne suffisent pas à vous définir. Il y a également les valeurs, l'intelligence, le sens de l'humour, l'éducation, la détermination, et bien d'autres choses. Intéressons-nous à présent aux *moyens dont vous disposez*. Si vous avez un réseau important de contacts professionnels, par exemple, **inscrivez** « réseau étendu ». C'est également ici que vous **pourriez lister** des éléments tels que : expérience approfondie du secteur, excellente réputation professionnelle, autorité dans un domaine donné, ou toute publication ou autre création intellectuelle à votre actif.

Enfin, **notez** tout actif matériel vous appartenant et essentiel ou potentiellement utile à votre activité : véhicules, outils, vêtements spéciaux, argent, actifs physiques disponibles, etc.

ÉTUDE DE CAS

RESSOURCES CLÉS

NOTES

LA RESSOURCE, C'EST VOUS

PROFIL

LE MÉDECIN

NOM

DR. ANNABELLE SLINGERLAND

Le Dr Annabelle Slingerland est spécialisée dans la recherche et le traitement du diabète chez l'enfant – c'est une adepte convaincue de la responsabilisation des jeunes patients auxquels on dit trop souvent que la vie est pleine de dangers et d'interdits. Pour promouvoir ses convictions, Annabelle a organisé un marathon relais pour les enfants souffrant de diabète, la Kids Chain (la Chaîne des enfants).

Peu de temps avant le marathon, Annabelle a été victime d'un grave accident de vélo. Le marathon a bien eu lieu et a été une réussite – la course ayant, contre toute attente, retenu l'attention de grandes entreprises, des pouvoirs publics et des médias. Cependant, à la suite de son accident, Annabelle a dû renoncer à exercer la médecine. Autant dire que l'avenir était sombre.

L'intérêt des entreprises et des médias pour la Chaîne des enfants ne s'est pas démenti. « Je n'avais pas conscience de la place que ce projet pouvait avoir dans ma vie, se souvient la jeune femme. J'ai même essayé de le quitter. Mais la Chaîne des enfants a refusé de me laisser partir. »

Marieke Post, une des membres du forum, a montré à Annabelle comment utiliser la matrice pour concevoir une organisation à but non lucratif qui pourrait soutenir la Chaîne des enfants. En étudiant le bloc de ses ressources clés, Annabelle a eu une révélation : « Je me suis rendu compte que je devais me considérer comme une des ressources les plus importantes de la Chaîne des enfants, et que l'organisation devait me rémunérer pour ce que je lui apportais, raconte-t-elle. Je n'avais jamais envisagé les choses ainsi. »

Aujourd'hui, Annabelle est directrice de la fondation Kids Chain for Diabetes.

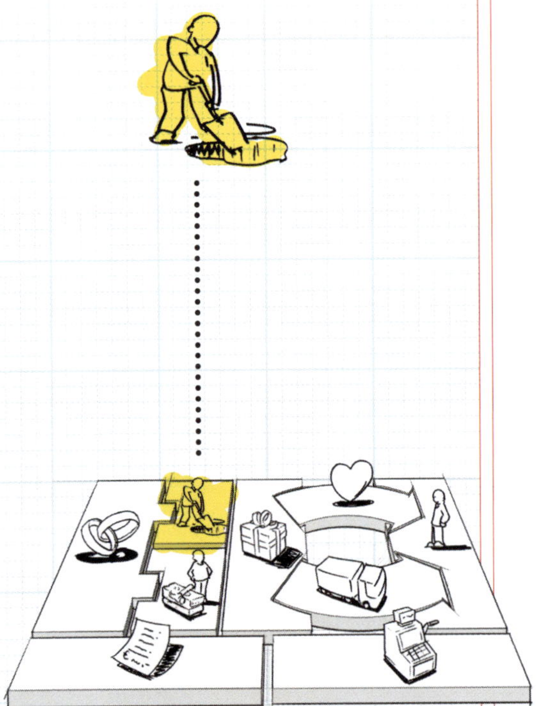

Activités clés

(Ce que vous faites)

Les activités clés (ce que vous faites) sont dictées par les ressources clés. En d'autres termes, ce que vous faites découle naturellement de qui vous êtes.

Pour remplir ce bloc, réfléchissez aux quelques tâches essentielles que vous accomplissez régulièrement dans votre travail. N'oubliez pas : les activités clés sont simplement les activités physiques ou intellectuelles accomplies pour les clients. Elles ne décrivent pas la valeur plus importante créée en exécutant ces activités.

Recenser ces activités vous aide à poursuivre l'élaboration de la matrice de votre business model et ouvre la voie à une réflexion de fond autour de la notion cruciale de valeur.

Dressez dès maintenant une liste de ces tâches. Votre travail peut ne comporter que deux ou trois activités clés, une douzaine ou davantage. Sur votre matrice, inscrivez uniquement les activités réellement importantes – celles qui distinguent votre travail de celui des autres – et non toutes les tâches que vous accomplissez.

ÉTUDE DE CAS

ACTIVITÉS CLÉS

NOTES

DE LA COMPÉTENCE À LA VALEUR

PROFIL

L'INGÉNIEUR

NOM

STEVE BROOKS

« Pendant mes études et au début de ma carrière, je me suis beaucoup préoccupé de mon développement personnel, et je ne comprenais pas pourquoi ça ne débouchait pas sur grand-chose. Je suis sorti de l'Académie navale parmi les mieux classés de ma promotion, j'ai décroché un master en ingénierie électrique, j'ai travaillé dans la Marine des États-Unis comme ingénieur nucléaire et suivi un MBA tout en travaillant à plein temps. Mais je me sentais coincé dans des postes qui ne me permettaient pas de donner mon plein potentiel : j'avais l'impression de n'être qu'un ingénieur parmi d'autres.

« C'est en cherchant des moyens d'améliorer ma satisfaction que j'ai découvert le business model personnel. J'ai dessiné ma matrice et mon problème m'a sauté aux yeux presque instantanément. Malgré tous mes efforts de développement personnel, je ne m'étais jamais demandé en quoi mes compétences pouvaient aider les autres. Lorsque j'ai voulu remplir les blocs “Ce que vous faites” et “Qui vous aidez”, je n'avais quasiment rien à écrire.

« Passer d'une logique de compétence à une logique de valeur est horriblement difficile. C'est en cela que le concept de business model va bien au-delà de la matrice. La démarche m'a montré qu'il fallait que je trouve quelque chose qui me passionne – qui m'apporterait de la satisfaction tout en aidant les autres.

« L'évolution du rôle des pères est un sujet qui me préoccupe énormément. Je ne vois toujours pas très bien ce que je peux apporter. Comment partager les tâches avec mon épouse ? Quelles tâches traditionnellement accomplies par les mères dois-je apprendre ? Je suis convaincu que beaucoup d'autres pères se posent la même question. Je travaille actuellement sur un business model propre à rendre compte du nouveau rôle du père. »

Les clients

(Qui vous aidez)

À présent, ajoutez les clients (qui vous aidez) à votre matrice. Rappelez-vous que les clients sont ceux qui payent pour recevoir un bénéfice (ou qui reçoivent un bénéfice gratuitement et sont subventionnés par des clients payants).

Vos clients ou vos groupes de clients sont les personnes qui, au sein de votre organisation, ont besoin de votre aide pour accomplir leurs tâches (si vous êtes un travailleur indépendant, vous pouvez considérer votre activité comme votre organisation).

En font donc partie votre chef, votre supérieur direct et tous ceux qui sont directement responsables de vos revenus. Ils autorisent l'organisation à vous payer ; ils constituent donc un type de clients.

Si vous avez un chef ou un supérieur direct, **inscrivez son nom** dans le bloc Clients.

À qui d'autre rendez-vous des comptes ? **Notez également le nom** ou la position de ces personnes dans le bloc Clients.

Maintenant, prenez quelques instants pour réfléchir. Quels rôles jouez-vous dans l'entreprise ? Fournissez-vous des services à certains membres de l'organisation ? Confiez-vous du travail à des collègues ? Qui dépend de vous ou bénéficie de votre travail ? Ces personnes ne vous rémunèrent peut-être pas directement, mais votre performance globale – et le fait qu'on continue à vous payer – dépend de la qualité du service que vous apportez à des collègues donnés.

Par exemple, si vous faites partie de l'équipe d'assistance technique d'une société informatique, vous ne savez que trop bien ce que cela signifie que d'avoir des clients internes ! Y a-t-il d'autres individus ou groupes au sein de l'organisation que vous pourriez considérer comme des clients ? Par exemple, les responsables ou les collaborateurs de projets clés ? Dans l'affirmative, **ajoutez leur(s) nom(s)**.

Après quoi, prenez en compte les autres acteurs en relation avec l'entreprise – les clients ou les entreprises qui achètent ou utilisent les services ou les produits de votre organisation, par exemple. Traitez-vous directement avec eux ? Même si ce n'est pas le cas, il peut vous sembler important de les considérer comme vos clients.

Interagissez-vous avec un ou plusieurs partenaires clés de votre organisation ? Ils méritent peut-être eux aussi une place sur votre liste de clients.

Enfin, envisagez les communautés plus larges concernées par votre travail. Par exemple : quartiers, villes ou groupes de personnes ayant des intérêts communs, commerciaux, professionnels ou autres.

ÉTUDE DE CAS
CLIENTS

NOTES
RÉÉCRIRE L'HISTOIRE DU CLIENT

PROFIL
LA PHOTOGRAPHE DE MARIAGE

NOM TRINA BOWERMAN

Trina Bowerman a participé à un atelier consacré au business model et, à la fin de la séance, elle s'est entretenue avec l'animateur. Elle lui a indiqué qu'elle était emballée par les idées présentées mais qu'elle ne voyait pas comment appliquer la méthodologie à sa propre situation.

« Quelle est votre activité ? lui a demandé l'animateur.

– Je suis photographe de mariage.

– Autrement dit, vous racontez des mariages avec des photos, a fait remarquer l'animateur.

– Euh… d'une certaine manière, oui.

– Alors, pourquoi ne pas essayer de raconter d'autres événements que des mariages ? »

Interdite, Trina l'a regardé, se balançant d'avant en arrière.

« Merci, a-t-elle fini par répondre. Grâce à vous, je vais avoir du mal à trouver le sommeil ce soir ! »

La valeur apportée

(Votre contribution)

Le moment est venu de définir la valeur que vous apportez aux clients : comment vous aidez les autres à accomplir leurs tâches. Comme nous l'avons déjà souligné, c'est le concept central de toute réflexion sur votre carrière.

Une bonne façon de définir la valeur est de vous demander : quel travail le client « m'engage-t-il » pour accomplir ? Quels bénéfices les clients retirent-ils de l'accomplissement de ce travail ?

Nous avons vu par exemple que la valeur de Jiffy Lube® ne réside pas dans le remplacement de l'huile en tant que tel, mais dans les bénéfices que les clients retirent de l'assistance de professionnels : voitures qui marchent bien, pas de saletés, moins de complications.

Comprendre comment vos activités clés se traduisent en valeur apportée aux clients est fondamental pour définir votre business model.

ÉTUDE DE CAS

VALEUR APPORTÉE

NOTES

MA VRAIE CONTRIBUTION

PROFIL

LA TRADUCTRICE

NOM

MIKA UCHIGASAKI

Mika Uchigasaki est traductrice professionnelle ; elle traduit du japonais en anglais. Les cabinets juridiques comptent parmi ses clients les plus importants.

Elle a participé à un atelier consacré au business model dans le cadre d'un congrès sur la traduction. Au cours de la séance, l'animateur a commenté la matrice que Mika était en train d'élaborer.

Dans le bloc Valeur apportée, la jeune femme avait noté « traduire des documents du japonais en anglais ».

« Quelle différence faites-vous entre traduire des documents du japonais en anglais et vos activités clés ? » a demandé l'animateur.

Mika a semblé perplexe.

« Le cabinet juridique vous recrute pour l'aider à accomplir une certaine tâche. Laquelle ? a poursuivi l'animateur.

– Gagner un procès, a répondu Mika après quelques instants de réflexion.

– Dans ce cas, aidez-le à accomplir ce travail, a indiqué l'animateur. Traduire des documents du japonais en anglais est une activité clé. La valeur que vous apportez serait plutôt quelque chose comme “créer une documentation convaincante pour aider [le cabinet] à remporter un procès où plusieurs millions de dollars sont en jeu”. Ne laissez jamais les clients assimiler activités clés et valeur apportée.

– Je n'avais jamais envisagé les choses de cette manière, a répondu Mika, les yeux brillants. Je cherchais une manière de reconfigurer mon travail. Je l'ai trouvée. »

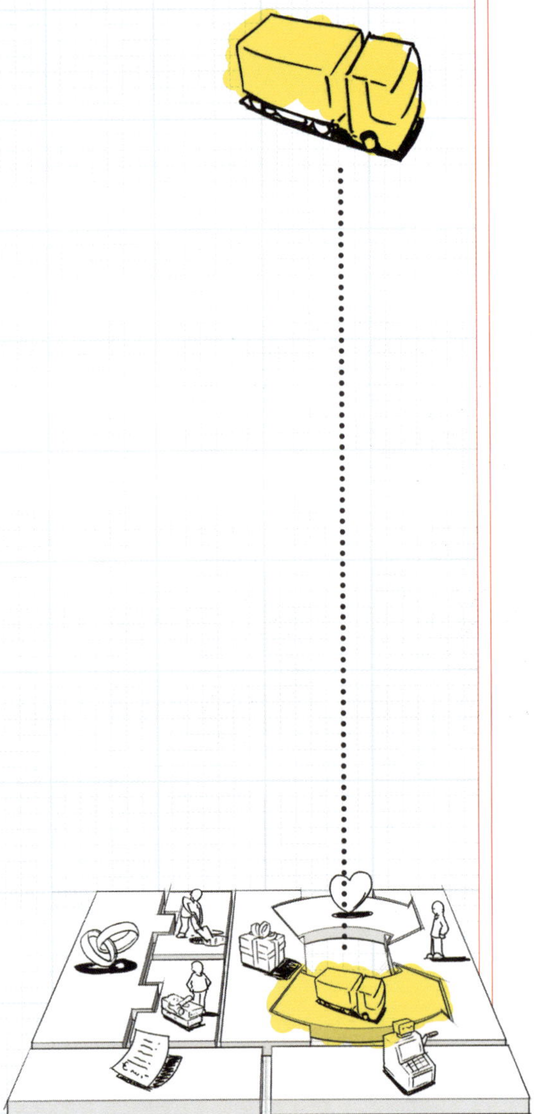

Lorsque vous pouvez définir précisément les clients et la valeur apportée, vous avez accompli une bonne part du travail requis pour représenter votre business model. Intéressons-nous à présent aux autres éléments.

Les canaux

(Comment vous diffusez votre offre)

Ce bloc est constitué des cinq étapes du « processus marketing », comme on dit dans le jargon de l'entreprise. Les étapes en sont les suivantes :

1. Comment les clients potentiels vont-ils découvrir comment vous pouvez les aider ?
2. Comment vont-ils décider d'acheter ou non votre service ?
3. Comment vont-ils l'acheter ?
4. Comment apporterez-vous aux clients ce qu'ils ont acheté ?
5. Comment, après la vente, vous assurerez-vous que les clients sont contents ?

Définir les canaux par lesquels vous apportez aux clients ce qu'ils ont acheté ne pose pas de difficulté particulière : vous pouvez soumettre des rapports écrits, parler aux gens, charger du code sur un serveur de développement, faire des présentations orales devant un public ou sur le web ou utiliser des véhicules pour livrer physiquement les marchandises.

Mais, comme le montre le processus, il y a d'autres étapes plus intéressantes et plus importantes, et en particulier *comment les clients potentiels ont connaissance de votre offre*.

Entendront-ils parler de vous par le bouche à oreille ? Un site web ou un blog ? Des articles ou des conférences ? Une campagne de prospection téléphonique ? Des courriels ou des forums en ligne ? Des publicités ?

Voici un excellent moyen de vous souvenir pourquoi les canaux sont fondamentaux pour votre business model : 1) vous devez *définir* votre offre pour pouvoir la *communiquer*, 2) vous devez *communiquer* votre offre pour pouvoir la *vendre*, et 3) vous devez *vendre* votre offre pour être payé en échange.

ÉTUDE DE CAS

CANAUX

NOTES

CHANGER DE CANAL

PROFIL

LE GRAPHISTE FREE-LANCE

« Je me lasse facilement. Après m'être lancé comme graphiste, j'ai enchaîné les postes, restant rarement longtemps au même endroit. Je travaillais dans de petites structures, où mon manque de patience pour les détails et les libertés que je prenais histoire de ne pas m'ennuyer n'étaient pas franchement appréciés. On me renvoyait au bout de deux ou trois mois ; d'autres fois, c'est moi qui suis parti, une autre opportunité s'étant présentée. Faute de bagage entrepreneurial, je n'avais pas conscience d'être le parfait free-lance… jusqu'au jour où un de mes employeurs m'en a fait la remarque – juste après m'avoir viré.

« Je ne savais rien des modèles économiques ni du marketing personnel fondé sur la valeur. Mais outre mes compétences graphiques, j'ai deux points forts : j'adore rencontrer des gens et travailler sur plusieurs projets en même temps.

« Par exemple, je n'ai eu aucun problème pour franchir la porte du département graphique d'une agence de pub et me faire rapidement connaître. Au bout d'une matinée, tout le monde pensait que je travaillais là depuis des années parce que je connaissais les collaborateurs, leurs clients et les processus du service.

« Se lasser facilement, avoir constamment envie de faire des rencontres et de prendre en charge de nouveaux projets n'est pas nécessairement un atout lorsque vous êtes salarié. Mais pour un travailleur indépendant, c'est tout l'inverse. Il suffisait de changer de canal : ces traits de personnalité sont devenus des atouts clés. Techniquement, mes collègues étaient au moins aussi bons que moi. Mais parce qu'une heure me suffit pour me familiariser avec un nouvel environnement, j'ai vite été très demandé. »

NOM

KEN TIMMERMAN

Les relations avec le client

(Comment vous interagissez)

Comment décririez-vous la façon dont vous interagissez avec les clients ? Rencontrez-vous régulièrement vos clients ? Ou vos relations professionnelles sont-elles basées essentiellement sur les courriels, la communication écrite ? Se caractérisent-elles par des transactions uniques ou des services suivis ? Quelle est votre priorité : développer votre base de clients (acquisition) ou satisfaire les clients existants (rétention) ?
Notez vos réponses sur votre matrice.

ÉTUDE DE CAS
RELATIONS AVEC LE CLIENT

NOTES
SUR LE MODE QU'ILS PRÉFÈRENT

PROFIL

LA CHARGÉE DE CLIENTÈLE

Jessica Ho avait été engagée comme chargée de clientèle par un fabricant de fournitures de bureau et était responsable de grands comptes américains, Staples et Office Max notamment. Mais plusieurs mois avaient passé et elle n'avait toujours pas réussi à développer de bonnes relations avec ses clients. Sur la recommandation de son supérieur, elle a donc demandé de l'aide à un coach, Jim Wylie.

Jim Wylie a commencé par s'intéresser au bloc Relations avec le client du modèle de Jessica. Il a découvert qu'elle était d'un commerce très agréable et possédait d'excellentes compétences de communication verbale. Cependant, excepté lorsqu'elle se rendait chez ses clients pour prendre ou livrer une commande, Jessica avait peu de contacts avec eux et leur téléphonait rarement. La jeune femme a admis être une « enfant du numérique », plus à l'aise avec les courriels qu'avec les conversations en face à face ou au téléphone.

Jim Wylie a suggéré à Jessica d'utiliser son téléphone mobile pour appeler ses clients chaque fois que l'occasion s'en présentait. Jessica a suivi son conseil et, bientôt, ses rapports avec ses clients sont devenus plus chaleureux.
Leur téléphoner accélérait bien souvent les choses et créa une proximité qui modifia également l'atmosphère des réunions.

NOM
JESSICA HO

Partenaires clés

(Qui vous aide)

Vos partenaires clés sont ceux qui vous soutiennent au niveau professionnel et vous aident à accomplir votre travail. Ils peuvent apporter motivation, conseils ou opportunités de croissance. Ils peuvent aussi vous donner d'autres ressources nécessaires pour accomplir correctement certaines tâches. Ce sont par exemple des collègues ou des mentors au sein de l'entreprise, des membres de votre réseau professionnel, des membres de votre famille ou des amis, ou des conseillers extérieurs. **Dressez dès à présent la liste de tous vos partenaires clés.** Par la suite, vous pourrez si vous le souhaitez élargir votre définition de ce qu'est pour vous un partenaire clé.

ÉTUDE DE CAS

PARTENAIRES CLÉS

NOTES

PRENDRE EN COMPTE LES PARTENAIRES INTERNES

PROFIL

LE CONSEILLER COMMERCIAL

Jon Taylor était conseiller commercial, fort de vingt ans d'expérience dans la vente de matières premières à des clients de l'industrie des plastiques. Il avait toujours joui d'une grande liberté dans la gestion de ses clients ; il avait toute latitude pour fixer prix et conditions de paiement, et soumettait rarement le moindre rapport sur ses activités commerciales. Mais tout changea lorsque l'entreprise où il travaillait fut rachetée par une grande société internationale.

Dans la nouvelle organisation, Jon découvrit que son style irritait les membres du personnel « interne » qui apportaient un soutien administratif et marketing aux commerciaux. Ces collaborateurs donnaient aux vendeurs des directives en termes de prix et de conditions commerciales, et exigeaient des rapports d'activité afin de contrôler les actions commerciales et d'en rendre compte à la hiérarchie.

Se replongeant dans son business model, Jon prit conscience que le rachat lui avait apporté un nouveau groupe de partenaires clés internes, presque aussi importants pour sa réussite que ses clients externes. Il comprit également que son style « électron libre » n'était plus de mise.

Jon décida donc de soumettre des rapports d'activité à ses nouveaux partenaires internes et de téléphoner régulièrement au directeur commercial et aux collaborateurs du support interne. Ces nouveaux comportements enthousiasmèrent ses collègues et lui valurent leur adhésion.

NOM

JON TAYLOR

Revenus et avantages

(Ce que vous recevez)

Notez vos sources de revenus telles que salaire, honoraires, *stock-options*, royalties, droits d'auteur, et tout autre paiement comptant. Ajoutez-y les avantages de type mutuelle, retraite complémentaire ou programmes de formation. Par la suite, dans le cadre de votre réflexion sur l'évolution de votre business model, vous pourrez prendre en compte les avantages « immatériels » – satisfaction, reconnaissance, engagement citoyen.

ÉTUDE DE CAS

REVENUS ET AVANTAGES

NOTES

REPENSER LES REVENUS

PROFIL

L'ASSISTANTE DE DIRECTION

Jet Barendregt était l'assistante d'un des dirigeants de la filiale européenne du cabinet comptable PricewaterhouseCoopers (PwC).

Les activités du cabinet se développant, de nouveaux postes similaires à celui de Jet furent créés. Mais le turnover était élevé et Jet était de plus en plus sollicitée pour coacher les nouvelles recrues, tout en ayant elle-même à assumer de nouvelles responsabilités. Au bout de dix ans, Jet était devenue indispensable au cabinet, mais avait le sentiment que son expertise et sa valeur n'étaient pas reconnues.

Aussi, lorsque son employeur annonça que la société allait s'installer dans de nouveaux locaux – déménagement synonyme pour Jet de longues heures de transport chaque jour –, elle décida que le moment était venu de réinventer son business model.

Jet quitta PwC et créa un service d'e-secrétariat, travaillant avec ses clients par courriel, téléphone, Skype et les outils d'informatique dans le nuage. Son innovation clé résidait dans le bloc Revenus et avantages : elle remplaça son salaire par un abonnement mensuel.

Aujourd'hui, Jet n'a plus à prendre les transports en commun pour aller travailler, elle a davantage de temps à consacrer à ses enfants et à ses passions, et elle gagne trois fois plus que lorsqu'elle était chez PwC. Qui plus est, elle peut choisir ses clients. « Mon expérience montre qu'il est possible d'augmenter les revenus et les avantages tout en diminuant les coûts, déclare Jet. Tout ce qu'il faut, c'est de la détermination, de la confiance – et le bon modèle. »

NOM

JET BARENDREGT

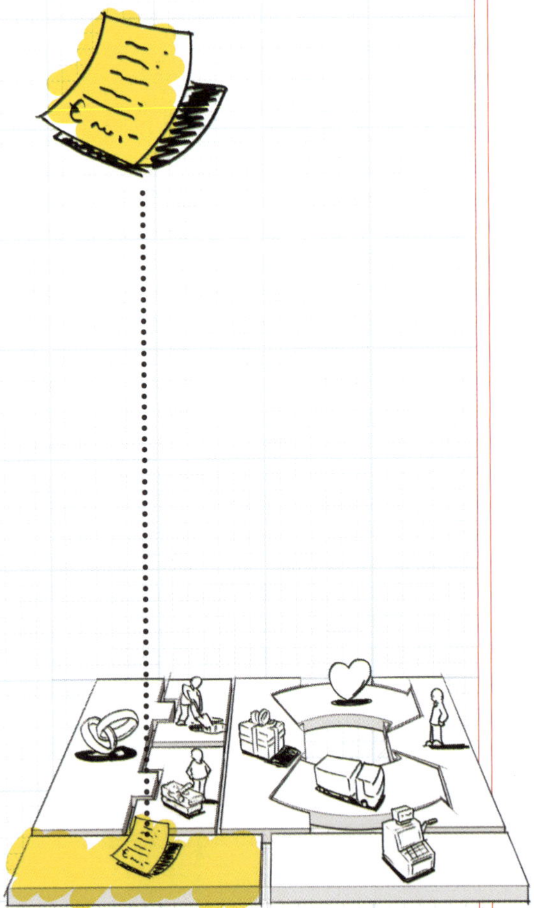

Coûts

(Ce que vous donnez)

Les coûts sont ce que vous donnez à votre activité professionnelle : temps, énergie et argent, pour l'essentiel.

Répertoriez les coûts proprement dits :

- Coûts de formation ou d'abonnement.
- Transports, déplacements et frais de représentation.
- Véhicules, outils ou vêtements spéciaux.
- Internet, téléphone, déplacements et autres coûts encourus lorsque vous travaillez depuis votre domicile ou chez les clients.

Entrent également dans les coûts le stress ou l'insatisfaction générés par les activités clés ou le travail avec les partenaires clés. Nous reviendrons sur ces coûts « immatériels » au chapitre suivant.

ÉTUDE DE CAS

COÛTS

NOTES

LES ACTIVITÉS DÉTERMINENT LES COÛTS

PROFIL

LE PUBLICITAIRE

« Lorsque Mark Degginger est entré dans mon bureau, j'ai tout de suite compris qu'il n'était pas heureux dans son travail. Cela crevait les yeux, explique Fran Moga, conseillère en gestion de carrière. Il avait un salaire à six chiffres, une maison de rêve et un joli bateau. Mais il se traînait au bureau tous les matins. Il faisait durer ses déjeuners le plus longtemps possible pour pouvoir supporter les après-midi.

« Il travaillait pour une agence de publicité où la politique du chiffre régnait en maître : stress permanent et chacun pour soi. Et il avait aussi mal au dos – il semblait beaucoup plus âgé que moi, alors qu'il est plus jeune.

« Ce n'était pas une question de compétences mais de valeurs. Son travail provoquait une forme de conflit de valeurs : il jouissait de tous les privilèges de la réussite mais au fond, il aspirait à quelque chose qui lui permettrait de s'engager au service des autres.

« Un jour, je lui ai donc demandé : "Pourquoi restez-vous dans cette agence à faire ce que vous faites ? Avez-vous jamais réfléchi au prix que vous payez ?" Il est parti sans un mot. Mais à la séance suivante, il semblait avoir compris. "J'y perds des amis et la santé, et je passe à côté des bonnes choses", m'a-t-il déclaré.

« Lorsque Mark est arrivé à l'une de nos dernières séances, j'ai su que les choses allaient mieux avant même qu'il n'ouvre la bouche. Il était plus rayonnant et plus détendu.

« "Comment allez-vous ?", lui ai-je demandé. "En pleine forme !" Il avait donné sa démission et lui et sa femme avaient décidé de réduire leur train de vie. Il avait accepté un poste dans une association qui se consacre à la formation des défavorisés et des handicapés. Il gagnait beaucoup moins. Mais il était beaucoup plus heureux. »

NOM

MARK DEGGINGER

75

76

NOM CHRIS BURNS

ENJEU

SE POSITIONNER VIS-À-VIS DES CLIENTS

PROFIL

LA THÉSARDE

Journaliste de métier, Chris Burns observait le lent et inexorable effondrement des modèles économiques de la presse traditionnelle – à commencer par celui de son employeur – face à la menace d'Internet. Lorsque la vague de licenciements la toucha à son tour, elle venait de s'inscrire en thèse avec pour objectif d'animer des ateliers d'écriture.

Son intérêt pour le développement durable et les recommandations des membres de son comité doctoral lui ont permis de trouver un emploi à temps partiel de relectrice et correctrice d'articles de recherche pour des professeurs. Contre toute attente, ce travail lui a beaucoup plu.

Un jour, Chris a pris conscience que son vrai *travail* n'était pas de corriger des articles, mais quelque chose de beaucoup plus précieux pour les clients : les aider à faire publier leurs articles dans des revues prestigieuses. Elle décida donc d'augmenter son tarif horaire et de facturer le temps qu'elle consacrait à faire des recherches complémentaires.

Résultat ? Le nombre de ses clients a explosé.

A posteriori, Chris identifie dans son modèle initial deux défauts classiques :

Assimiler activités clés et valeur

Au départ, Chris n'a pas évalué correctement sa contribution : elle l'a assimilée à son travail de relecture et de correction, ce qui dépréciait son offre.

Confondre son travail et celui du client

Chris s'est laissé imposer une vision réductrice de son travail. Aux yeux de ses clients, elle ne faisait qu'« améliorer la fluidité et le style » de leurs articles. Lorsqu'elle leur a expliqué qu'être publié était *leur* travail, et qu'elle pouvait les aider à le faire, sa valeur et sa réputation ont fait un bond en avant.

Comment Chris a fait évoluer son business model

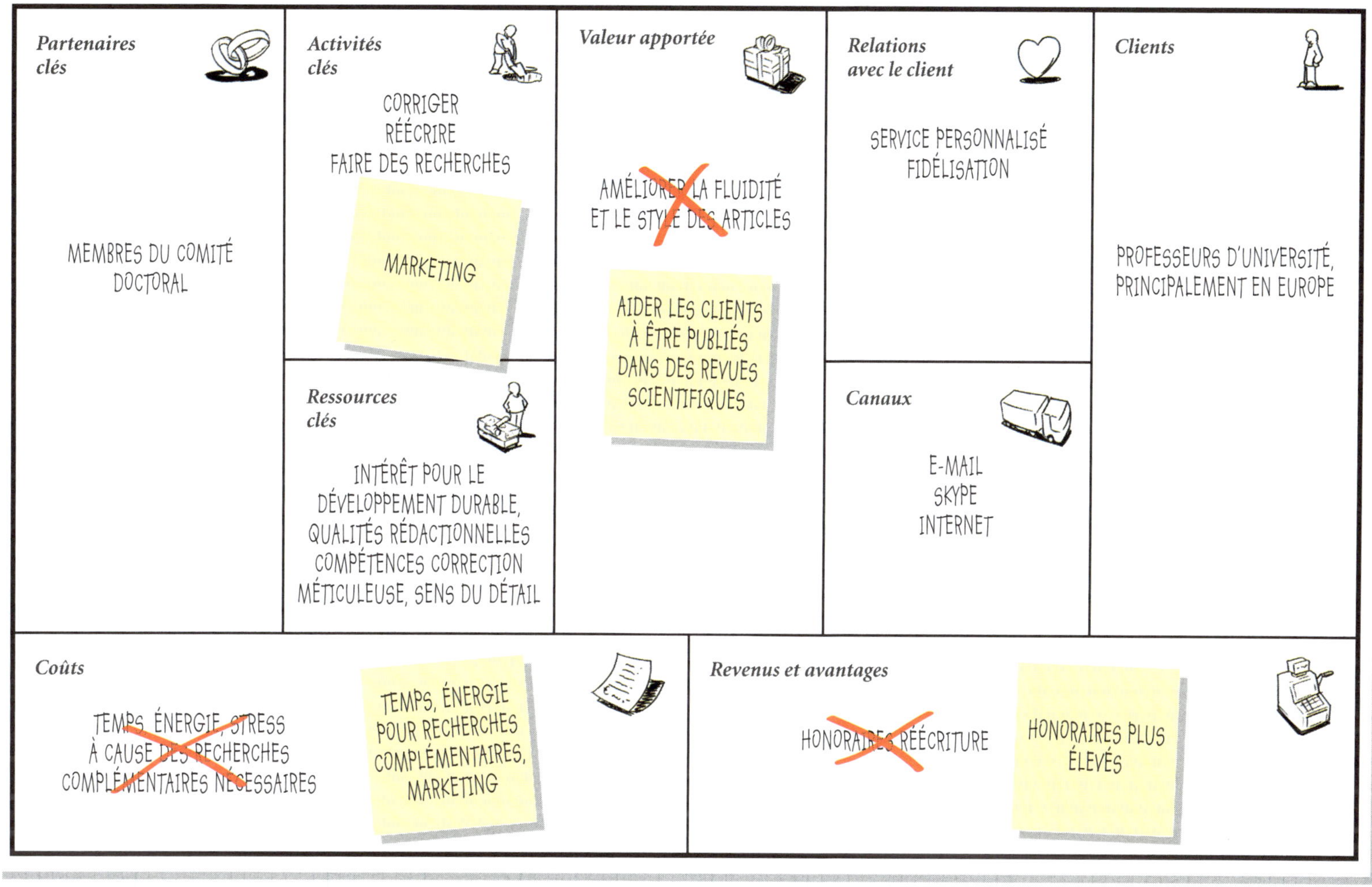

Réflexion

Revisiter vos choix et explorer de nouvelles pistes pour mettre en harmonie vos aspirations personnelles et professionnelles.

CHAPITRE 4
Qui êtes-vous ?

ENJEU

FAIRE CE QU'ON AIME

PROFIL

LA PROMENEUSE DE CHIENS

Lorsque Andrea Wellman a perdu son emploi de photographe, elle a essayé de ne pas paniquer. Elle ne s'est pas précipitée dans l'agence d'intérim la plus proche, n'a pas postulé à un emploi de téléconseillère et n'a pas non plus demandé un coup de main financier à sa famille.

Non. Elle a rempli ses journées de tous ces rendez-vous dont son travail l'avait privée : des rendez-vous avec elle-même.

Andrea reconnaît que la tentation était forte de prendre le premier boulot à temps partiel venu, « histoire de gagner un peu d'argent ». Heureusement, le besoin de faire le point, et de réfléchir à un nouveau business model, a été le plus fort. « Jusqu'à ce que je perde mon travail, raconte-t-elle, je fonctionnais en pilote automatique. Je me suis dit que c'était l'occasion où jamais d'essayer de reprendre le contrôle de ma carrière. »

Andrea a deux passions : les chiens et la course à pied. Née dans l'ombre d'un saint-bernard, elle a toujours vécu avec des chiens. Et si sa passion pour la course à pied est plus récente, elle apprécie autant un bon 10 kilomètres – ou un bon marathon – que de passer du temps avec ses chiens. Quelques mois avant de perdre son travail, Andrea avait commencé à faire courir sa jeune chienne, Molly, combinant ainsi ses deux passions. De temps en temps, elle passait prendre le chien d'un ami et tous trois s'en donnaient à cœur joie dans les rues de Seattle.

Andrea a continué à emmener Molly courir. Et parce qu'elle avait plus de temps, elle a commencé à organiser des sorties avec les chiens de ses amis. « Cela m'a aidée à ne pas perdre la boule, explique-t-elle. Mais surtout, quel bonheur ! J'étais apaisée, détachée de tout souci, presque euphorique lorsque je courais avec les chiens. »

Un jour, en feuilletant un numéro du magazine *Runner's World*, Andrea est tombée sur un article qui allait changer sa vie. « Il y avait ce garçon, à Chicago, qui passait ses journées à faire courir des chiens, se souvient-elle. Il ne faisait que ça ! » Incrédule – était-il réellement possible de gagner sa vie en promenant des chiens ? –, Andrea s'est renseignée. Les faits étaient bien là : l'homme faisait profession de promener des chiens.

Ne faisant ni une ni deux, Andrea téléphona à ses amis. Elle leur parla de l'homme de Chicago et leur demanda s'ils seraient prêts à la rémunérer pour continuer à emmener courir leur chien. À sa grande surprise, ils ont accepté. « Ils m'ont dit qu'ils avaient observé des changements positifs chez leur chien depuis que je le faisais courir, rapporte-t-elle. Mes amis pensaient que ces séances contribuaient au bien-être de leur animal, et ils étaient tout à fait d'accord pour me payer. »

Andrea était folle de joie.

Au début, sa nouvelle activité lui rapporta des revenus d'appoint. Mais ses amis étaient tellement contents de ce service qu'ils en parlèrent autour d'eux, à d'autres amis, au travail, dans les dîners et les soirées. Des inconnus commencèrent à faire appel à ses services. Elle était aux anges. « Franchement, je ne voyais pas ça comme un "vrai" travail, explique-t-elle. J'acceptais toujours de prendre un nouveau chien, mais parce que j'adorais faire ça et que je voyais à quel point les chiens étaient contents. »

Les demandes continuèrent d'affluer et Andrea prit conscience que sa nouvelle activité lui permettait bel et bien de payer son loyer. Quelques mois plus tard, ce furent d'autres dépenses. Et un beau jour, Andrea dut se rendre à l'évidence : ce qui avait débuté comme un passe-temps était petit à petit devenu son métier. Le moment était venu d'envisager les choses de manière plus professionnelle. Elle souscrivit une assurance pour les chiens, passa son brevet de secouriste canin et créa un site web.

Aujourd'hui, Andrea gagne sa vie en faisant courir des chiens. Elle a plus de cinquante clients – tant et si bien qu'elle a engagé d'autres coureurs pour l'aider. C'est un motif supplémentaire de satisfaction pour elle. « Ce n'est plus seulement *moi* qui vis *mon* rêve, souligne-t-elle. Mon travail permet à d'autres coureurs de vivre le leur et c'est formidable. »

Il est rare de *trouver* le job de ses rêves : en général, on le *crée*. Et cela exige de bien se connaître soi-même.

Découvrir qui vous êtes

« La plupart des gens qui ne trouvent pas le travail de leurs rêves échouent dans leur quête non parce qu'ils manquent d'informations sur le *marché de l'emploi*, mais parce qu'ils manquent d'informations sur *eux-mêmes* », affirme Dick Bolles, auteur de *What Color Is Your Parachute ?* (De quelle couleur est votre parachute ?), un des guides de carrière les plus vendus dans le monde depuis quarante ans[5]. Il est rare de *trouver* le job de ses rêves ; en général, il faut se l'inventer. Et, loin des méthodes traditionnelles de recherche d'emploi, cela exige une solide connaissance de soi.

Comme dans le cas d'Andrea, cependant, c'est souvent une crise – perdre son emploi ou échouer dans un projet – qui nous amène à nous interroger sur nous-même et sur notre carrière. En l'absence de crise, l'introspection peut sembler égoïste. Mais réfléchir sur soi n'a rien d'égoïste, affirme Dick Bolles, parce que c'est s'interroger sur ce que *le monde a le plus besoin* que vous lui apportiez.

Qui plus est, comprendre qui vous êtes sans attendre que la crise frappe à votre porte est positif pour vous et vos clients parce que cela diminue d'autant les risques de *burnout* et de désillusion. Quand on est satisfait, on est mieux à même d'aider les autres.

Mais sans menace imminente nous y incitant, comment nous plonger dans une introspection sérieuse ?

Le monde par-delà le travail

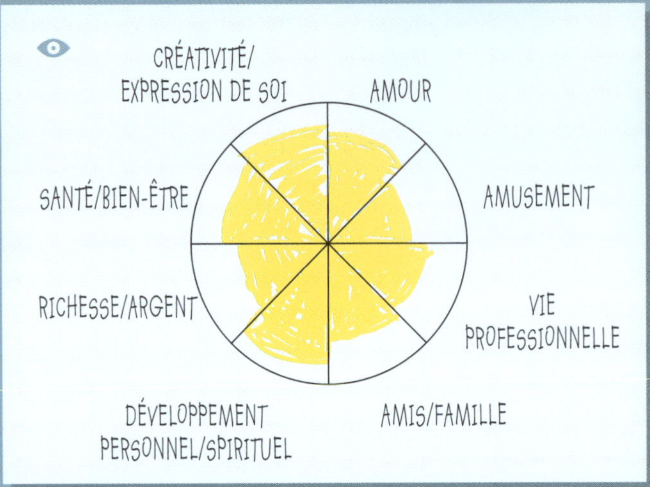

Pour aider leurs clients à engager ce processus de réflexion sur soi, les coachs et les consultants spécialisés ont parfois recours à la Roue de la vie. Il en existe différentes versions, mais toutes font apparaître un certain nombre de grands thèmes ou domaines d'intérêt : bien-être/santé, vie professionnelle, richesse/argent, développement personnel/spirituel, amusement, amour, amis/famille, environnement physique/maison, créativité/expression de soi et style de vie/biens matériels.

L'idée est de choisir les huit thèmes que vous trouvez les plus pertinents et de les attribuer aux différents quartiers de la Roue.

Exercice de la Roue de la vie : mode d'emploi

- Choisissez huit thèmes parmi ceux proposés ci-dessus (ou panachez-les avec vos propres thèmes/domaines d'intérêt).
- Sur une feuille de papier ou à l'aide du modèle proposé en page 87, indiquez votre niveau de satisfaction pour chaque domaine en plaçant des points sur les rayons, le centre de la Roue correspondant à « satisfaction nulle » et le périmètre à « satisfaction totale ».
- Reliez les points entre eux et coloriez l'espace ainsi défini.

Un cercle entièrement colorié représenterait un accomplissement total dans tous les compartiments de votre vie. Un cercle partiellement colorié, comme ci-dessus, vous indique quels domaines requièrent votre attention.

Les consultants font parfois accomplir cet exercice à leurs clients puis, à l'aide d'un crayon d'une couleur différente, colorient des espaces supplémentaires représentant l'endroit où ils *aimeraient* se situer pour chaque quartier. Ils rappellent ainsi à leurs clients que tout le monde n'a pas les mêmes priorités. Un quartier famille/amis colorié à 50 %, par exemple, pourra être satisfaisant pour une personne mais beaucoup trop bas pour une autre.

L'exercice de la Roue de la vie donne des indices sur les grands domaines auxquels appartiennent vos principaux centres d'intérêt. Il nous rappelle aussi certains aspects de la vie qui peuvent être aussi importants que le travail – voire plus importants.

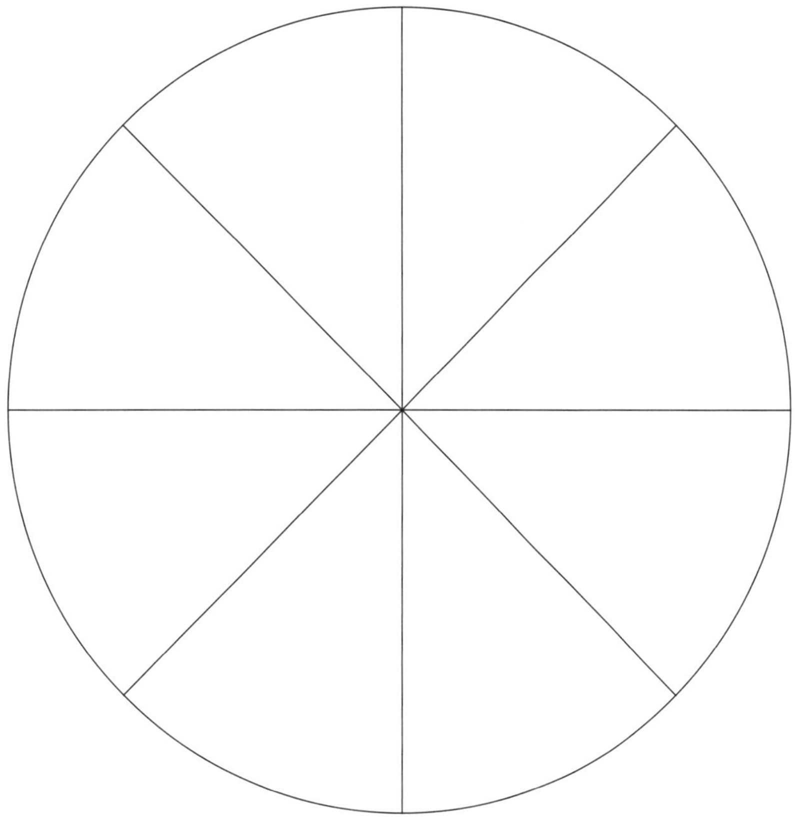

Répondre à la question « Qui suis-je ? »

Après avoir réfléchi à la place qu'occupent aujourd'hui dans votre vie le travail et les autres activités, vous avez peut-être remarqué un déséquilibre. Comment restaurer l'équilibre ?

Vous vous souvenez du témoignage d'Andrea ? Pour redonner du sens à sa vie, elle est retournée à ce qu'elle aimait depuis toujours. Et le fait est que les choses que nous aimions lorsque nous étions enfants peuvent illuminer nos chemins d'adultes.

Enfants, nous savions qui nous étions et ce que nous aimions faire, même si nous n'avions pas les mots pour le dire.

Mais, comme l'exprime Marcus Buckingham, vient un moment où « votre certitude d'enfant disparaît et où vous commencez à écouter davantage le monde qui vous entoure que vous-même. Le monde est bruyant et persuasif, et vous vous résignez à vous conformer à ses demandes[6]. »

Nos carrières et nos valeurs découlent-elles d'attentes fixées par les autres plutôt que par nous-mêmes ? La question mérite d'être posée. Dans le domaine professionnel en particulier, la famille, nos camarades et les enseignants nous incitent souvent à faire des choix fondés sur « la stabilité », « la sécurité », « la respectabilité », « le salaire élevé »…

Le problème, avec les attentes des autres, c'est qu'il arrive que nous les fassions nôtres ; le désir d'être accepté par autrui peut facilement submerger notre boussole interne.

Mais qu'advient-il si les attentes des autres ne nous correspondent pas ?

Tentons une petite expérience.

Remontez le temps.
Vous n'aviez pas encore 20 ans.

Qu'aimiez-vous faire ?

Quelles activités (jeux, hobbies, sports, activités extrascolaires ou matières à l'école) appréciiez-vous ? Essayez de retrouver vos inclinaisons naturelles, spontanées.

Pensez à ce qui vous captivait et vous faisait oublier le reste du monde. Avec quelles occupations le temps s'envolait-il ?

Notez vos réponses sur la page suivante.

Vos centres d'intérêt au premier plan !

Vous adonnez-vous toujours à ces activités que vous aimiez ? Font-elles toujours partie de votre Roue de la vie ?

Comme le fait remarquer Marcus Buckingham, nombre d'entre nous ont renoncé aux « enfantillages » pour se consacrer aux « choses sérieuses » : étudier, travailler ou se préparer d'une manière ou d'une autre à gagner sa vie en adulte responsable.

Considérant peut-être que les passions de notre enfance ne correspondaient pas à nos aspirations d'adulte, nous les avons remplacées par des objectifs conventionnels.

Or, si les individus évoluent et s'adaptent effectivement au cours du temps, les études scientifiques suggèrent que nos principaux traits de personnalité, passions et centres d'intérêt restent relativement stables[7].

Aussi, même lorsque nous connaissons ce qu'il est convenu d'appeler la « réussite », nous entretenons bien souvent, à l'image de Carol, l'avocate fiscaliste qui nous livre son témoignage en page 126, des rêves inassouvis, enracinés dans les activités que, enfants, nous avions choisies.

Si, devenus adultes, nous nous coupons totalement de ces centres d'intérêt, nous courons le risque de vivre notre vie sans jamais connaître de véritable satisfaction ni de véritable accomplissement.

« Chacun de nous porte en lui une aspiration secrète – une aspiration qui, à mesure que le temps et la vie passent, se mue souvent en un chagrin secret. Cette aspiration est différente pour chacun, car elle est l'expression de soi la plus ardemment désirée. Notre vie ne sera comblée, ne vaudra vraiment d'être vécue que si nous savons mettre au premier plan le secret de notre cœur. »

— George Kinder[8]

Plusieurs rôles

Vous avez réfléchi à votre travail et à vos centres d'intérêt ; vous vous êtes replongé dans votre enfance. À présent, utilisez les exercices suivants pour essayer de vous définir d'une façon qui vous aide à faire évoluer votre vie professionnelle.

Dick Bolles, à n'en pas douter le conseiller en gestion de carrière le plus influent au monde, a mis au point une méthode qui a fait la preuve de son efficacité pour répondre à cette question cruciale : « Qui suis-je ? »

Prenez dix feuilles de papier et écrivez sur chacune : « Qui suis-je ? »

Répondez dix fois à la question, en donnant une réponse par feuille.

Lorsque vous en avez terminé, reprenez vos réponses et développez-les. Expliquez 1) *pourquoi* vous avez donné cette réponse, et 2) en quoi elle vous fait *vibrer*.

Après quoi, reprenez vos feuilles et classez-les par ordre de priorité. Autrement dit : quelle identité est la plus importante pour vous ? Placez cette feuille sur le dessus. Quelle identité vient immédiatement après ? Placez la feuille en question juste sous la précédente. Et ainsi de suite jusqu'à ce que l'identité la moins importante soit en bas de la pile.

Enfin, reprenez les dix feuilles, dans l'ordre, et relisez les passages où vous parlez de *ce qui vous enthousiasme*. Y a-t-il des dénominateurs communs entre vos dix réponses ? Si oui, notez-les sur une feuille à part.

Voilà ! Vous commencez à entrevoir un certain nombre de choses que l'emploi, la carrière ou la mission de vos rêves doivent vous apporter pour que vous vous sentiez enthousiaste, comblé et utile[9].

La double page suivante vous montre comment un membre du forum a réalisé cet exercice.

Qui suis-je ?

Qu'est-ce qui me fait vibrer dans chacun de ces rôles ?

1. ÉPOUX

AMOUR, SEXE, CENTRE DE LA FAMILLE, CAMARADERIE

2. PÈRE

STIMULATION, JOIE, SATISFACTION DE VOIR L'AVENIR DE SES ENFANTS PRENDRE FORME, FIER DE LEURS ACCOMPLISSEMENTS

3. ENSEIGNANT

AIDER LES AUTRES, ÊTRE UTILE, EXPLORER/RÉVÉLER MYSTÈRES/VÉRITÉS, UTILISER COMPÉTENCES DE PLANIFICATION ET DE PRÉSENTATION, APPRENDRE, ÉCRIRE

4. ENTREPRENEUR

EXCITATION DE CRÉER QUELQUE CHOSE DE NOUVEAU, RÉCOMPENSE/DANGER, MYSTÈRE, EXPRESSION DE SOI

6. FILS

LIENS FAMILIAUX, SE RECONNAÎTRE DANS SES PARENTS/ENFANTS, NOTIONS D'HÉRITAGE ET DE TRANSMISSION

7. FRÈRE

LIENS FAMILIAUX, CAMARADERIE, NOTIONS D'HÉRITAGE ET DE TRANSMISSION

8. TRADUCTEUR

METTRE EN ŒUVRE UNE COMPÉTENCE INHABITUELLE, JOUER AVEC LE LANGAGE, PONT ENTRE LES CULTURES, CONTRIBUER À RÉVÉLER DES VÉRITÉS UNIVERSELLES, ÉCRIRE ET CORRIGER

9. CONFÉRENCIER

ATTENTION, RECONNAISSANCE, ORGANISER ET PRÉSENTER DES MESSAGES, APPLAUDISSEMENTS

5. ÉCRIVAIN

EXPRESSION DE SOI, RECONNAISSANCE, PLAISIR À EXERCER COMPÉTENCES ET TECHNIQUES D'ÉCRITURE, BEAUTÉ ET ÉLÉGANCE

10. MUSICIEN

CRÉER/PARTAGER BEAUTÉ, APPRENDRE, CAMARADERIE, SPECTACLE

DÉNOMINATEURS COMMUNS ?

EXPLORER/RÉVÉLER MYSTÈRES/VÉRITÉS, PLANIFICATION ET PRÉSENTATION, ÉCRITURE, EXPRESSION DE SOI, APPRENDRE, EXERCER COMPÉTENCE INHABITUELLE, CAMARADERIE

QUE DOIT COMPORTER MON MÉTIER POUR QUE JE SOIS HEUREUX, UTILE ET EFFICACE ?

L'ÉLABORATION ET LA PRÉSENTATION DE MESSAGES TRAITANT DE VÉRITÉ ET DE BEAUTÉ, CENTRÉS SUR LE LANGAGE. DOIT COMPORTER DES PRÉSENTATIONS ÉCRITES ET ORALES ET DES INTERACTIONS AMICALES AVEC LES AUTRES.

Plusieurs matrices

Une fois que vous avez défini et hiérarchisé vos différents rôles, dessinez une matrice pour chaque rôle.

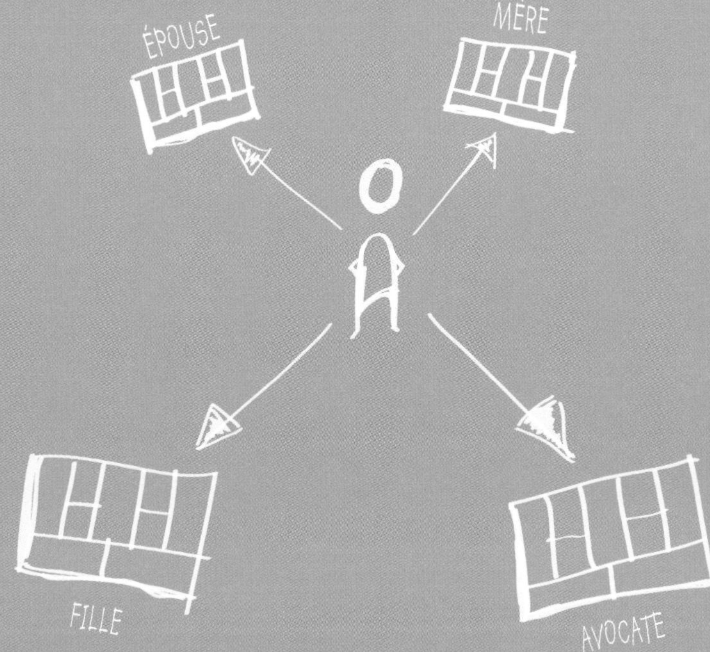

Par exemple, si vous dessiniez une matrice pour représenter votre rôle d'épouse, qui serait votre (vos) client(s) ? Quelle valeur apporteriez-vous ? Avec quelles activités clés ?

Kristina : un business model vraiment personnel

Ancien modèle | Nouveau modèle

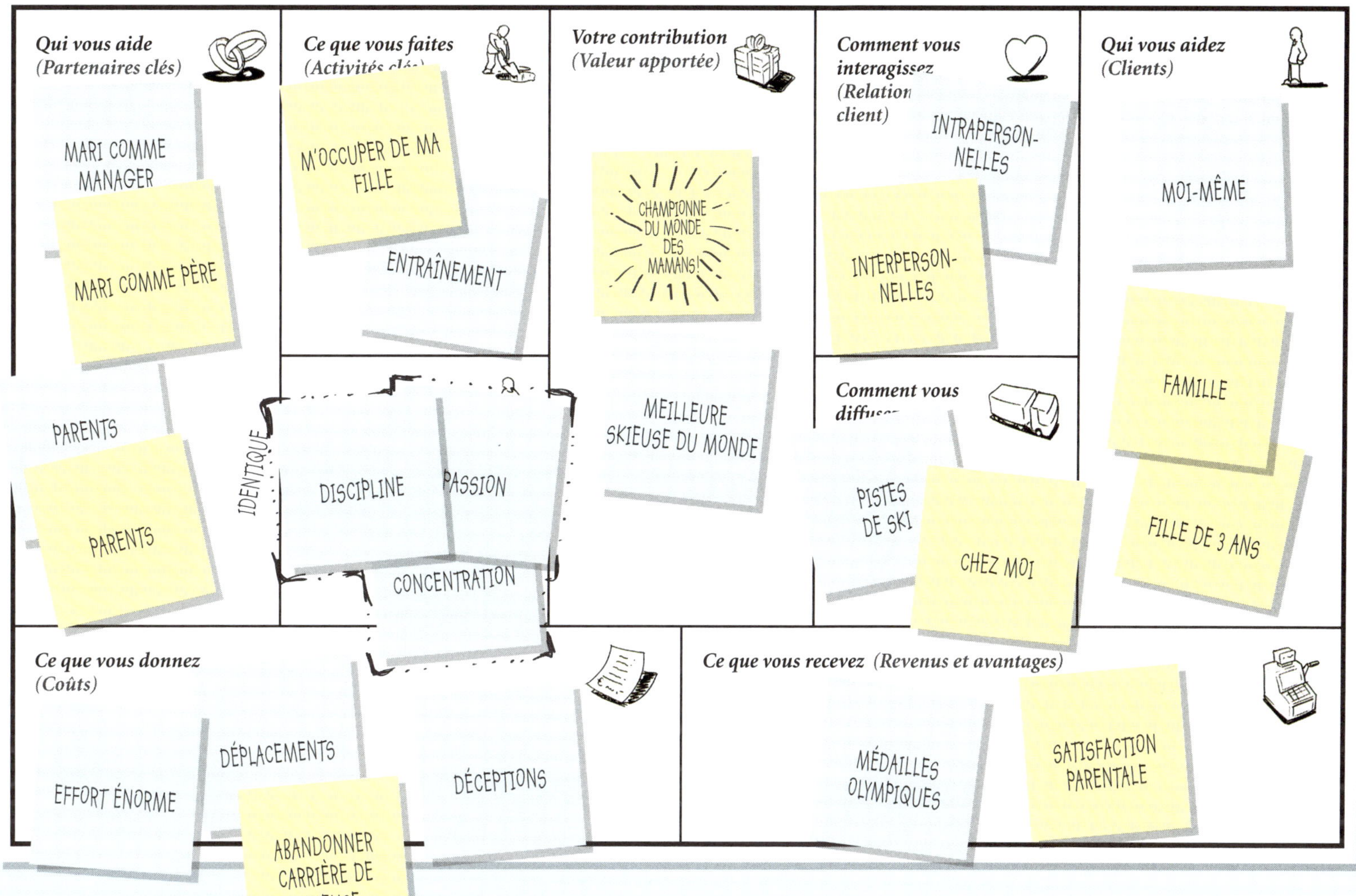

Après avoir décroché la médaille d'argent du 10 km libre aux Jeux olympiques d'hiver 2010, la fondeuse Kristina Šmigun-Vähi est parvenue à la conclusion qu'il était impossible de se consacrer en même temps au ski et à sa famille. Elle a redessiné son business model autour d'un nouveau but : devenir championne du monde des mamans !

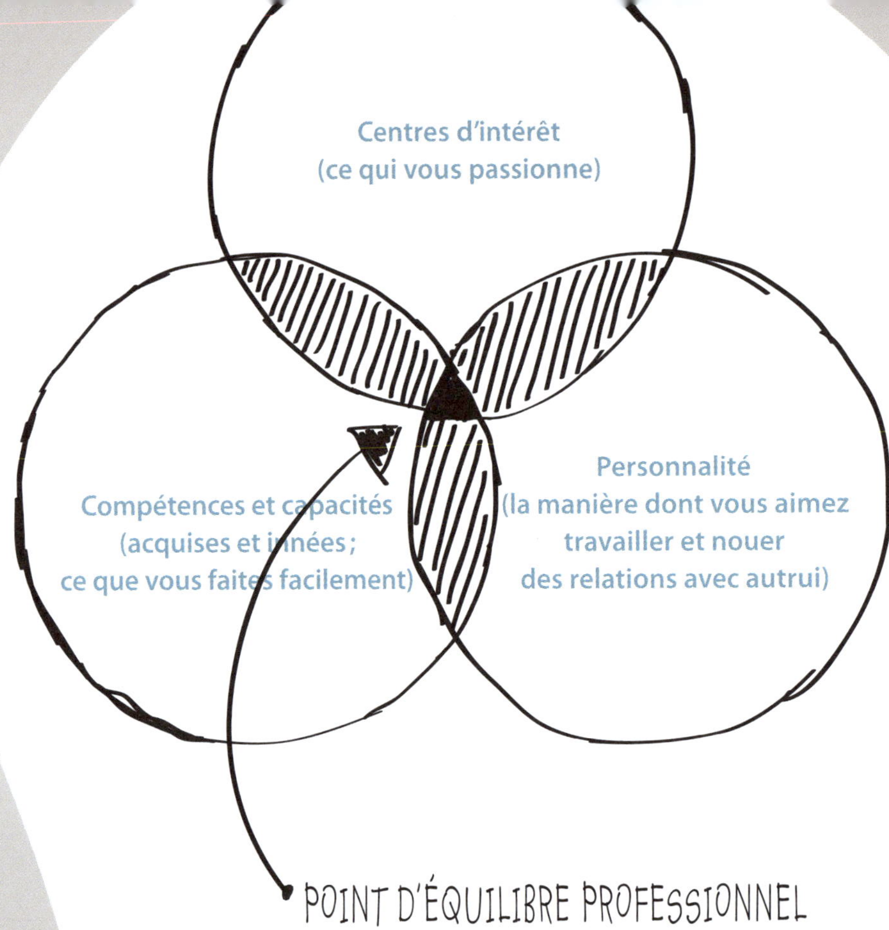
Centres d'intérêt
(ce qui vous passionne)
Compétences et capacités
(acquises et innées ;
ce que vous faites facilement)
Personnalité
(la manière dont vous aimez
travailler et nouer
des relations avec autrui)
POINT D'ÉQUILIBRE PROFESSIONNEL

La ligne de vie

La plupart des spécialistes de la gestion de carrière s'accordent pour reconnaître que la satisfaction professionnelle dépend de trois facteurs clés : les centres d'intérêt, les compétences et capacités, et la personnalité[10].

L'exercice de la ligne de vie vous aide à identifier et étudier ces trois facteurs.

a. Notez les moments importants de votre vie

Les moments importants sont les événements positifs et négatifs (les « hauts » et les « bas ») qui vous ont marqué. Enregistrez-les sur une frise temporelle qui remonte le plus loin possible dans le temps.

L'axe vertical représente le plaisir et/ou l'enthousiasme, l'axe horizontal représente le temps.

Les « hauts » et les « bas » sont :

- **Des événements particuliers et importants de votre vie : bons ou mauvais, personnels ou professionnels – que cela concerne votre travail, votre vie sociale, l'amour, les passe-temps, les études, les quêtes spirituelles ou d'autres domaines.**
- **Des étapes ou des moments clés dont vous vous souvenez avec précision et auxquels sont associés des sentiments forts.**
- **Des changements professionnels clés, positifs et négatifs.**

Vous pouvez dessiner votre propre ligne de vie sur une feuille ou utiliser celle qui se trouve ci-dessous. Pour l'instant, représentez chaque événement par un point et une brève description – « épousé Jean » ou « entré chez Sony » par exemple.

Débutez à l'extrémité gauche avec le point haut ou le point bas le plus ancien dont vous vous souveniez et progressez vers le présent. Lorsque vous aurez noté quinze à vingt événements, tracez une ligne reliant tous les points.

Votre ligne de vie devrait à présent ressembler plus ou moins à celle présentée en page 101, la ligne de vie de Darcy Robles, membre du forum qui a utilisé l'exercice pour faire le point sur sa satisfaction professionnelle.

- Émotion/Enthousiasme +

Ma ligne de vie ....

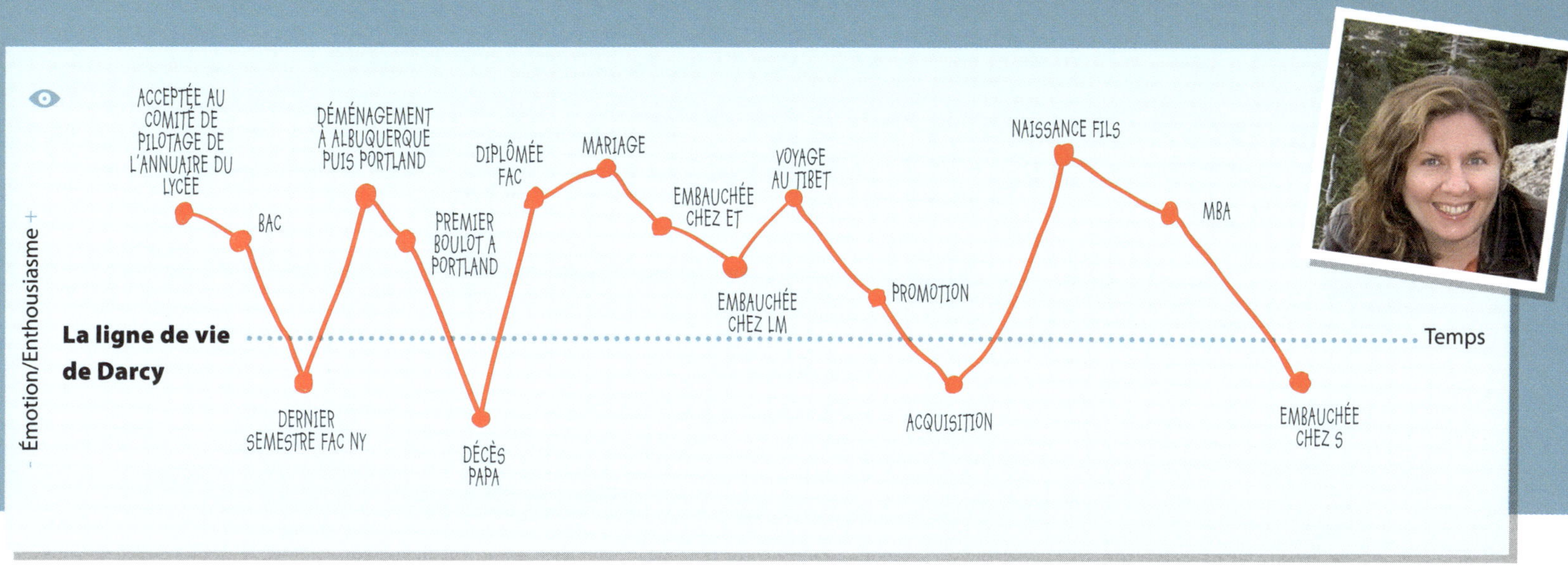
Émotion/Enthousiasme
ACCEPTÉE AU COMITÉ DE PILOTAGE DE L'ANNUAIRE DU LYCÉE
BAC
DERNIER SEMESTRE FAC NY
DÉMÉNAGEMENT À ALBUQUERQUE PUIS PORTLAND
PREMIER BOULOT À PORTLAND
DÉCÈS PAPA
DIPLÔMÉE FAC
MARIAGE
EMBAUCHÉE CHEZ ET
EMBAUCHÉE CHEZ LM
VOYAGE AU TIBET
PROMOTION
ACQUISITION
NAISSANCE FILS
MBA
EMBAUCHÉE CHEZ S
La ligne de vie de Darcy
Temps

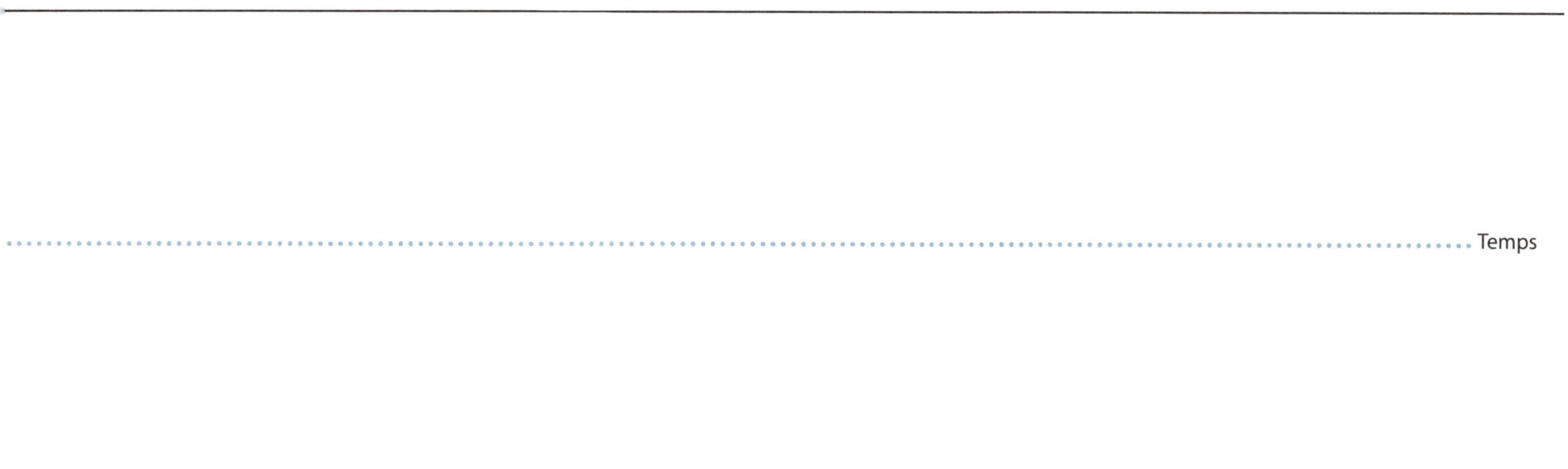
Temps

b. Décrivez les événements

Présentez l'événement en une ou deux phrases concises. L'idée est de saisir les facteurs clés de satisfaction professionnelle évoqués plus haut, en particulier vos centres d'intérêt, compétences/capacités et valeurs. Quelques conseils :

Utilisez de préférence des verbes d'action – « dirigé », « conçu », « réuni » par exemple. Essayez de décrire chaque événement en utilisant au moins deux verbes. Par exemple, si vous avez interprété une chanson lors d'un concert au lycée, plutôt que « chanté chanson », écrivez « choisi, répété et chanté "Les feuilles mortes" lors du concert de fin d'année du lycée. Ai été très applaudie ! »

Précisez également ici le *contexte* de l'action – en d'autres termes, indiquez le lieu et le thème de l'événement. Dans l'exemple ci-dessus, le contexte est : « concert de fin d'année du lycée ».

Voici comment Darcy Robles a décrit cinq événements de sa ligne de vie :

1. Acceptée dans le comité de pilotage de l'annuaire du lycée. Travaillé dans une équipe pour concevoir et développer l'annuaire du lycée. Appris l'importance de la pensée positive, d'avoir confiance en moi.

2. Diplômée de Portland Community College en systèmes d'information. Grande satisfaction à utiliser compétences de raisonnement logique pour résoudre problèmes, appris à concevoir/développer des solutions, aimé apporter des idées et travailler avec des groupes vers un objectif commun.

3. Poste de responsable informatique chez ET. Écouté problèmes/opportunités des clients internes, grande satisfaction à utiliser des compétences techniques/analytiques pour développer des solutions. Ai régulièrement amélioré mes connaissances techniques en travaillant sur différents domaines, beaucoup apprécié l'atmosphère dynamique et positive.

4. Voyage au Tibet. Adoré cette aventure, l'originalité de la culture tibétaine. Heureuse d'apprendre à mieux connaître les Tibétains et leur histoire. Période d'introspection et de développement personnel.

5. Les choses changent chez mon employeur à cause de l'acquisition. Géré une équipe/opérations quotidiennes, peu de développement technique. Idées nouvelles et capacité de les mettre en œuvre limitées. Un peu de développement personnel mais peu de choses apprises. Culture de la nouvelle entreprise plus bureaucratique, management à l'ancienne, davantage centré sur l'argent que sur la valeur, moins d'énergie positive.

Les événements de ma ligne de vie

1

2

3

4

5

6

7

8

9

10

11

12

13

14

15

16

17

18

19

20

c. Identifiez vos centres d'intérêt

À présent, partons à la découverte de… vous.

Les centres d'intérêt sont une ressource clé ; ils font de vous ce que vous êtes. Reprenez vos temps forts – les choses qui vont ont passionné et enthousiasmé. Dans quel contexte (secteur d'activité/sujet/domaine d'intérêt) chaque événement s'est-il déroulé ? Quelles activités ou actions impliquait-il ? D'autres points communs indiquent-ils des domaines d'intérêt particuliers ? Les domaines d'intérêt qui émergent sont-ils cohérents avec votre Roue de la vie ?

Autre piste à explorer : repérez les transitions professionnelles *dont vous avez eu l'initiative*. Ces décisions se sont-elles traduites par des résultats plutôt positifs ou négatifs du point de vue professionnel ?

Les spécialistes des ressources humaines font remarquer qu'un *locus de contrôle interne* est essentiel à la satisfaction professionnelle. La notion de locus de contrôle interne désigne le fait que l'*individu* décide par *lui-même* de ce qu'il veut faire, au lieu d'être influencé par des éléments externes (famille, amis, collègues, argent, société). Mieux un individu se connaît, moins il est enclin à calquer sa conduite sur les attentes d'autrui – ou à laisser sa carrière en pilote automatique.

Ce que Darcy a découvert

« C'est lorsque j'ai pu utiliser mes compétences créatives et analytiques (logique et raisonnement) pour élaborer et déployer des solutions à ces problèmes dans une atmosphère positive que j'ai connu la plus grande satisfaction. J'ai beaucoup apprécié apporter ma pierre à un projet avec une équipe motivée, soudée autour d'un objectif ou travailler avec les clients pour apporter des solutions à leurs problèmes. Enfin, apprendre est un thème récurrent, tant en termes de compétences que de développement personnel.

Mes verbes clés : développer, créer, résoudre, apprendre, analyser, donner vie à des idées, transmettre, travailler avec les autres. »

d. Identifiez vos compétences/capacités

Reprenez la liste des événements de votre ligne de vie, en page 103, et entourez les temps forts (points au-dessus de la ligne). Ensuite, utilisez le tableau ci-dessous. Mettez une croix dans les cases qui contiennent des mots qui décrivent les activités correspondant à vos temps forts. Seul un nombre limité de mots décrira exactement vos activités, cochez donc ceux qui sont équivalents ou s'en approchent. Puis faites le total du nombre de croix de chaque colonne.

COMMENCEZ ICI !

Acheté		Adapté pour la scène		Analysé		Assemblé		Appartenu à un club		Débattu	
Effectué la comptabilité		Chanté ou dansé		Conduit une recherche indépendante		Conduit un véhicule		Assisté à/organisé événement		Dirigé des gens	
Conduit un audit		Conceptualisé		Diagnostiqué		Construit une structure		Conseillé		Dirigé mon entreprise	
Enregistré/transcrit		Conçu bâtiments ou meubles		Écrit ou édité des articles techniques		Inspecté ou parcouru		Coordonné		Impliqué dans une campagne politique	
Estimé/calculé		Créativité artistique		Élaboré des questions		Localisé des pannes sur des machines		Enseigné, formé		Initié une action	
Fait fonctionner des machines		Créé illustration ou publication		Enquêté		Planifié		Été compréhensif		Négocié	
Géré bureau		Écrit/publié		Étudié un sujet spécialisé		Pris soin d'animaux		Fait du bénévolat		Parlé en public	
Inventorié		Édité		Lu des publications scientifiques ou techniques		Réparé des appareils électriques/mécaniques		Hébergé		Persuadé/influencé	
Programmé un ordinateur		Fait la publicité de		Participé à un salon ou à un concours scientifiques		Réparé un objet		Interviewé		Promu	
Secrétariat		Innové		Résolu des problèmes techniques ou scientifiques		Suivi une formation professionnelle		Noué des amitiés		Suivi une formation au management	
Suivi une formation business		Pris des cours dans le domaine artistique		Suivi une formation scientifique		Travaillé en extérieur		Participé à un service religieux		Supervisé/managé des gens	
Traitement de données		Photographié		Travaillé en laboratoire		Utilisé des outils/équipements lourds		Pris soin d'enfants, de personnes âgées		Vendu	

FAITES LE TOTAL DE CHAQUE COLONNE

e. Classez les activités

Faites le total du nombre de croix de chaque case pour identifier les dix activités que vous avez le plus pratiquées.

Mon palmarès

1

2

3

4

5

6

7

8

9

10

Ensuite, choisissez les cinq activités que vous préférez, indépendamment du nombre de croix. Reportez-vous à ce que vous avez noté pour le b), en page 102. Certaines de ces activités figurent-elles parmi celles que vous préférez ? Ont-elles toutes reçu de nombreuses croix ou y en a-t-il auxquelles vous voudriez consacrer plus de temps ?

Mes cinq activités préférées

1

2

3

4

5

f. Définissez ce que vous *pouvez* et *voulez* faire

À partir des deux listes précédentes, identifiez trois à cinq activités que vous aimeriez et seriez capable d'utiliser dans le cadre de votre travail.

Ce que je peux et veux faire

1

2

3

4

5

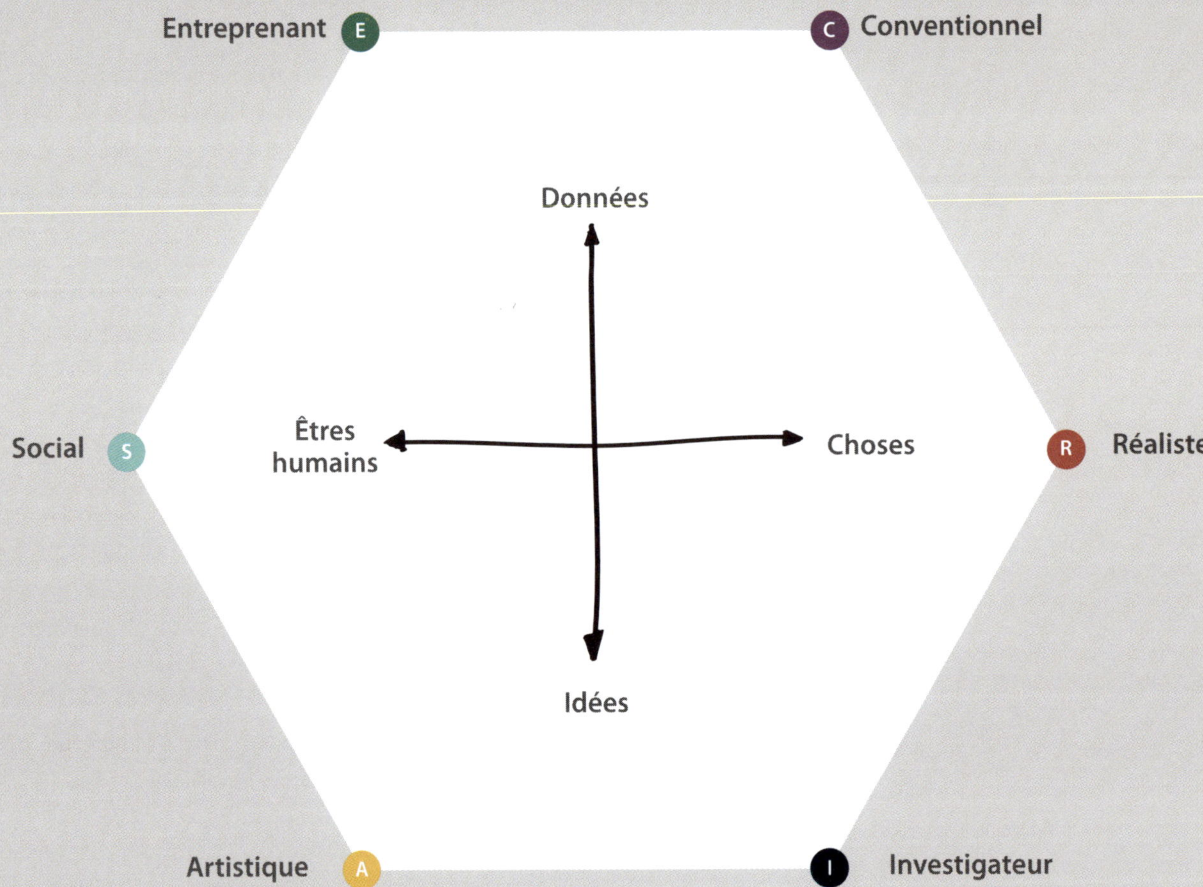
Entreprenant
E
C
Conventionnel
Données
Social
S
Êtres humains
Choses
R
Réaliste
Idées
Artistique
A
I
Investigateur

Personnalité et environnement

Cet exercice, fondé sur une méthode reconnue d'évaluation de carrière, vous aide à comprendre vos choix professionnels par rapport à votre personnalité – et aux environnements qui entrent en harmonie (ou en conflit) avec elle[11].

Les théories du psychologue américain John Holland sur les choix professionnels ont été testées et validées par de nombreux chercheurs depuis les années 1950. Elles sont à la base de ce que l'on appelle le RIASEC (ou typologie de Holland), la typologie des sphères d'intérêt professionnelles la plus utilisée au monde.

Il y a des dizaines d'années, Holland a eu une intuition géniale, qui nous semble aujourd'hui évidente : les centres d'intérêt professionnels sont une expression de la personnalité. En d'autres termes, *nos activités professionnelles représentent un mode de vie – un environnement plutôt qu'un ensemble de fonctions ou de compétences professionnelles isolées*[12].

Cela signifie que les individus expriment leur personnalité dans leurs choix de carrière, exactement comme ils expriment leur personnalité dans le choix de leurs amis, passe-temps, loisirs et établissements scolaires. Tout aussi important, la satisfaction professionnelle dépend de l'adéquation entre la personnalité de l'individu et son environnement de travail (remarque importante : l'« environnement de travail » désigne ici essentiellement les *autres individus présents sur le lieu de travail*).

Pour aider chacun à comprendre la relation qui existe entre centres d'intérêt professionnels et personnalité, Holland a défini six types de personnalité, soulignant qu'un individu est toujours un *mélange* de plusieurs types. Certaines inclinaisons sont seulement plus proéminentes que d'autres[13].

Les six types de Holland

S Social

Aime être en contact avec d'autres individus pour les informer, les développer, les aider ou les soigner. Capacités interpersonnelles/pédagogue. Tend à éviter les activités que requièrent les professions ou les situations de type réaliste.

I Investigateur

Aime explorer/étudier les phénomènes physiques, biologiques ou culturels. Capacités mathématiques/scientifiques. Tend à éviter les activités que requièrent les professions ou les situations de type entreprenant.

A Artistique

Aime manipuler des matériaux physiques ou intellectuels pour créer des formes ou des produits artistiques. Tend à éviter les activités structurées ou les professions de type conventionnel.

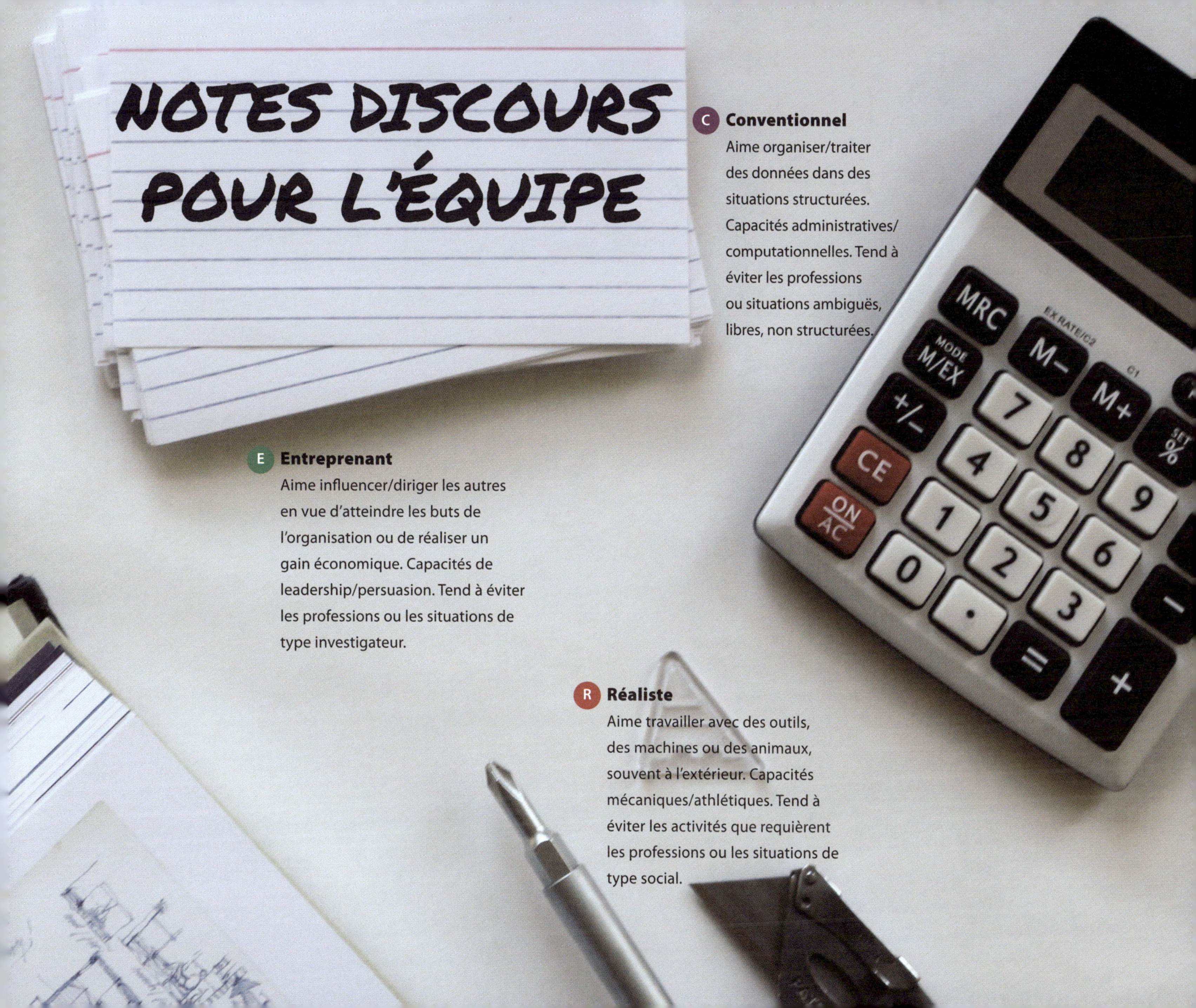

NOTES DISCOURS POUR L'ÉQUIPE

C Conventionnel
Aime organiser/traiter des données dans des situations structurées. Capacités administratives/computationnelles. Tend à éviter les professions ou situations ambiguës, libres, non structurées.

E Entreprenant
Aime influencer/diriger les autres en vue d'atteindre les buts de l'organisation ou de réaliser un gain économique. Capacités de leadership/persuasion. Tend à éviter les professions ou les situations de type investigateur.

R Réaliste
Aime travailler avec des outils, des machines ou des animaux, souvent à l'extérieur. Capacités mécaniques/athlétiques. Tend à éviter les activités que requièrent les professions ou les situations de type social.

Déterminez votre profil de personnalité dominant

Pour mieux comprendre vos traits de personnalité, reprenez le tableau de la page 106. Les six types de personnalité sont identifiés par un code couleur dans les colonnes Activités : rouge, bleu, jaune, vert pâle, vert et violet. Chaque couleur représente un des six types de personnalité.

Inscrivez les totaux des colonnes de la page 106 à côté de la couleur correspondante sur la figure de la page 113. Si vous avez coché plus de mots bleus que de mots d'une autre couleur, votre trait dominant est « Investigateur ».

Connaître les six profils nous aide également à mieux comprendre nos environnements de travail, composés pour l'essentiel d'*autres individus*.

Les environnements de travail, tout comme les individus, peuvent en effet être décrits à l'aide des six profils. Une banque offre un bon exemple d'environnement conventionnel ; une agence de publicité est un exemple d'environnement artistique. La satisfaction professionnelle dépend pour une large part de la compatibilité entre l'environnement professionnel et la personnalité de l'individu.

Par exemple, des individus au profil artistique marqué ont toutes les chances de ne pas s'épanouir dans des environnements conventionnels comme les banques ou les compagnies d'assurances. De la même manière, un salarié au type conventionnel dominant ne sera vraisemblablement pas heureux dans un environnement artistique comme une agence de publicité ou un théâtre. Ce que vous faites (activités clés) procède de qui vous êtes (ressources clés) ; les deux doivent être en harmonie.

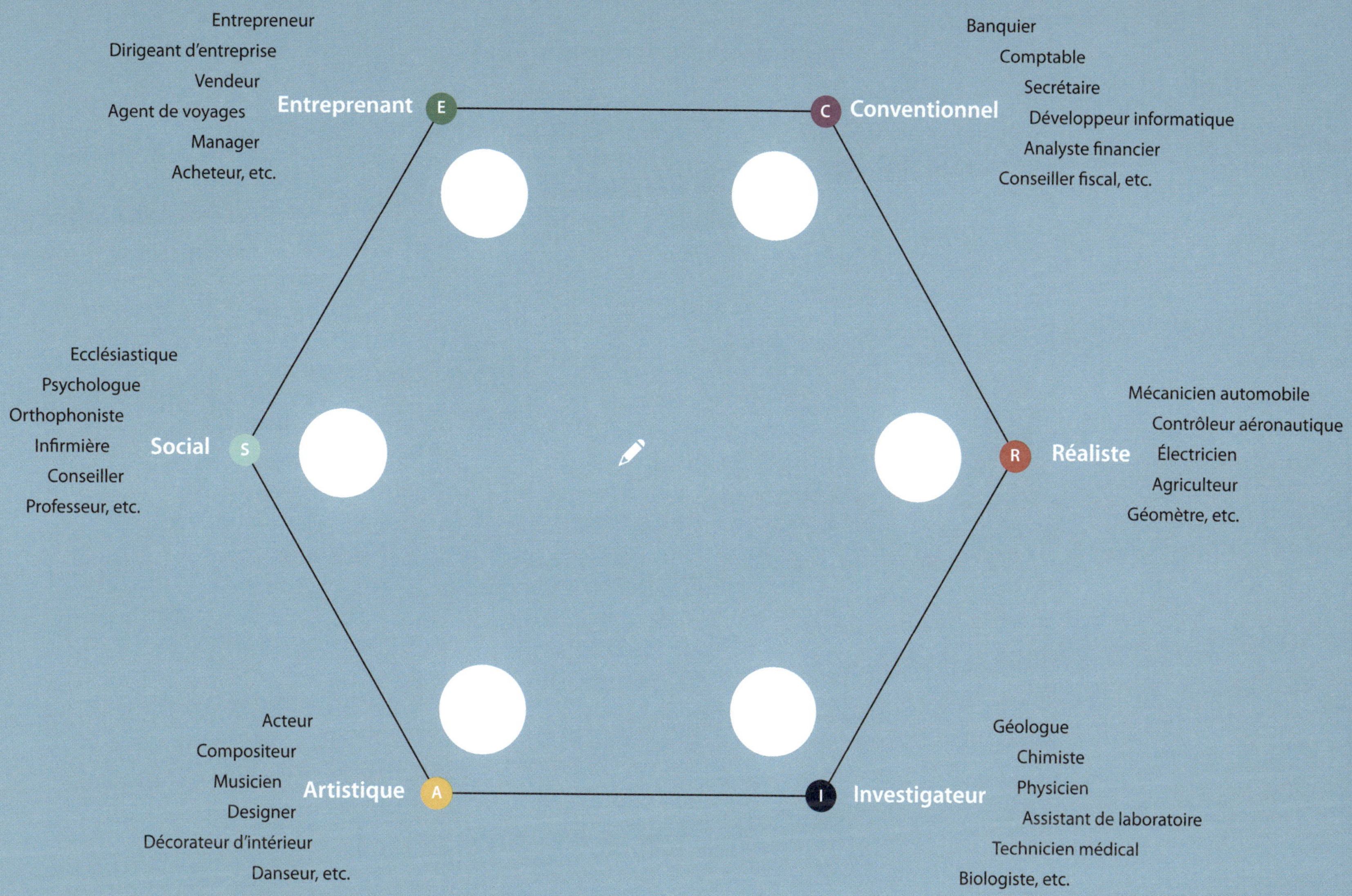
Entrepreneur
Dirigeant d'entreprise
Vendeur
Agent de voyages
Manager
Acheteur, etc.
Entreprenant
E
Banquier
Comptable
Secrétaire
Développeur informatique
Analyste financier
Conseiller fiscal, etc.
C
Conventionnel
Ecclésiastique
Psychologue
Orthophoniste
Infirmière
Conseiller
Professeur, etc.
Social
S
Mécanicien automobile
Contrôleur aéronautique
Électricien
Agriculteur
Géomètre, etc.
R
Réaliste
Acteur
Compositeur
Musicien
Designer
Décorateur d'intérieur
Danseur, etc.
Artistique
A
Géologue
Chimiste
Physicien
Assistant de laboratoire
Technicien médical
Biologiste, etc.
I
Investigateur

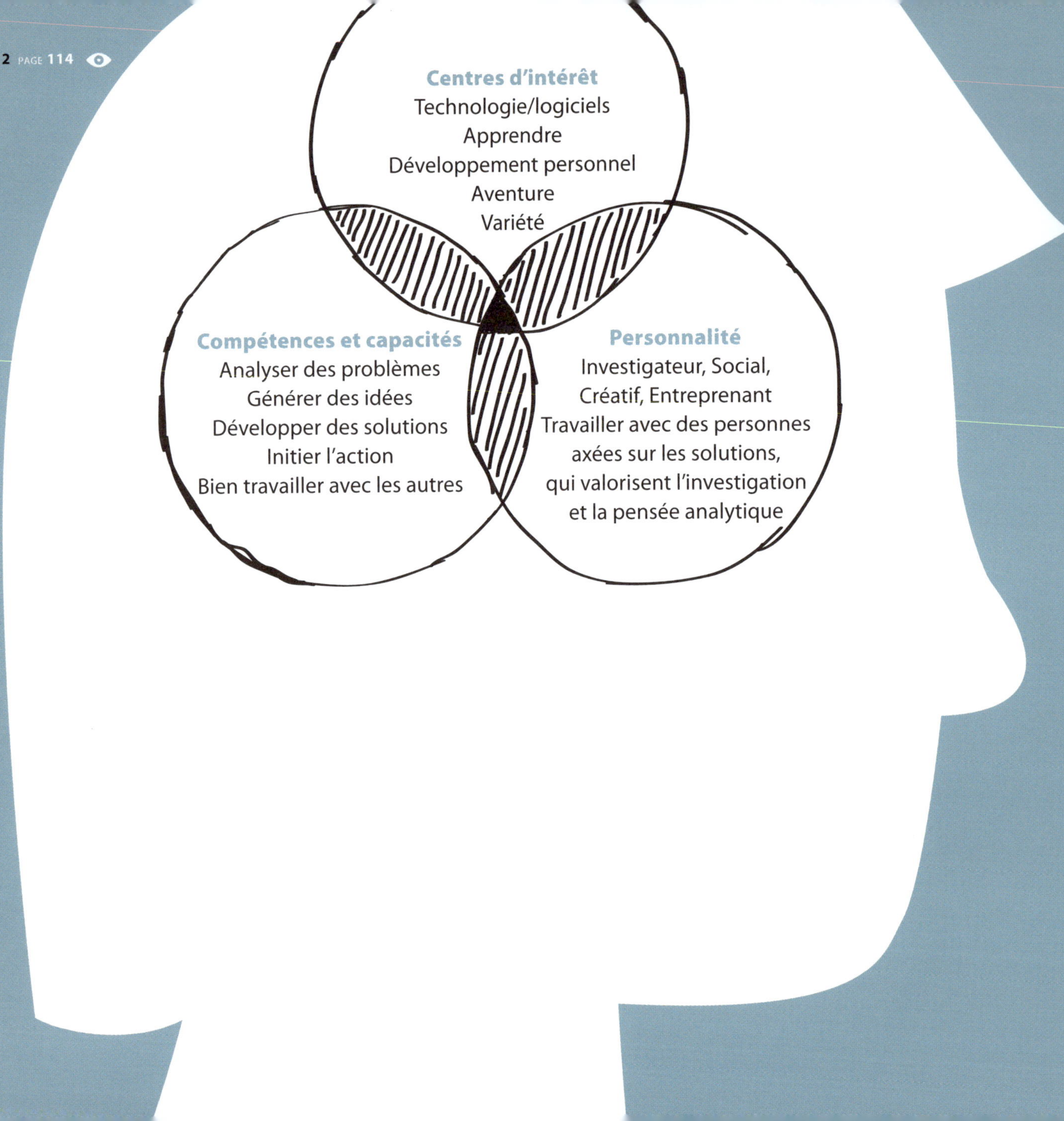
Centres d'intérêt
Technologie/logiciels
Apprendre
Développement personnel
Aventure
Variété
Compétences et capacités
Analyser des problèmes
Générer des idées
Développer des solutions
Initier l'action
Bien travailler avec les autres
Personnalité
Investigateur, Social,
Créatif, Entreprenant
Travailler avec des personnes
axées sur les solutions,
qui valorisent l'investigation
et la pensée analytique

« J'ai pris conscience que j'adore analyser et résoudre des problèmes, mais il est important pour moi d'avoir la capacité de travailler avec les autres et de les aider, et de créer, développer et mettre en œuvre des idées et des solutions. »

— Darcy Robles

ENJEU

CONNAIS-TOI TOI-MÊME

PROFIL

LE DÉVELOPPEUR

Mieux assortir personnalité et environnement de travail fait parfois des merveilles, comme pourrait vous le dire Sean Backus.

Pendant ses études d'informatique à l'université, Sean travaillait 15 à 20 heures par semaine chez un éditeur de logiciels, Credence Systems. Excellent développeur, il faisait l'admiration de ses professeurs qui l'encourageaient à poursuivre dans cette voie. Quant à son employeur, il était tellement satisfait de son travail qu'il lui proposa de l'embaucher à plein temps dès qu'il serait diplômé.

Sean accepta l'offre de Credence. Il maîtrisait et aimait la programmation et était enchanté de pouvoir entrer dans la vie active dès la fin de ses études.

Mais contre toute attente, Sean découvrit que travailler pour Credence le minait. Se disant qu'il n'avait pas choisi la bonne entreprise, il démissionna et accepta un poste de développeur dans une autre société. Mais bientôt, l'insatisfaction et la frustration furent de retour ; il démissionna et rejoignit une troisième entreprise. Et voilà qu'il était une nouvelle fois en proie aux mêmes sentiments.

À ce stade, Sean était en colère, et désespéré. Deux ans après l'obtention de son diplôme, il avait déjà changé trois fois d'employeur… Ce cursus d'informatique avait peut-être été une erreur ? Perdu, il se tourna vers une conseillère en gestion de carrière. Elle lui suggéra de consacrer plusieurs semaines non à la recherche d'un nouvel emploi mais à la découverte de Sean Backus, l'individu. Ce qu'il fit. S'appuyant sur des entretiens et des outils d'évaluation, la conseillère aida Sean à mieux comprendre sa personnalité et à identifier son type dominant, le type social. Sean a découvert qu'il était un individu naturellement « tourné vers les autres », doué de fortes aptitudes mécaniques. À l'université, les relations avec ses camarades et ses professeurs avaient satisfait ses besoins sociaux ; parallèlement, son activité de développeur avait constitué un puissant centre d'intérêt personnel et une source de revenus bienvenue. Mais passer ses journées assis devant un écran d'ordinateur – ce qui était le cas depuis qu'il avait quitté l'université – le minait et sapait son énergie.

Sean prit ainsi conscience que, s'il aimait l'informatique, son travail était trop solitaire et qu'il avait besoin de davantage de contacts humains. Après avoir discuté de la situation avec son employeur, il changea de poste pour prendre en charge la formation informatique des autres collaborateurs. Sa satisfaction professionnelle grimpa en flèche. Sean a appris comment ses ressources clés interagissent avec les autres éléments de son business model.

Centres d'intérêt, compétences et capacités

Les centres d'intérêt, compétences et capacités de Sean liés à l'informatique étaient bien réels et constituaient une ressource clé importante. Dès lors, tant que les frustrations associées à son travail de développeur à temps plein sont restées supportables, il n'a pas éprouvé de réel besoin de mieux se connaître. Une fois sa réflexion engagée, toutefois, il a découvert d'autres centres d'intérêt, compétences et capacités importants, en particulier *aider les autres* et *transmettre.* Ces activités clés étaient totalement absentes de sa vie professionnelle, ce qui influait à la hausse sur les coûts, sous la forme de frustration et d'insatisfaction.

Personnalité

Sean a mis un nom sur la facette conventionnelle de sa personnalité (« développeur »), mais il a également découvert que son profil social était légèrement dominant. Les postes purement informatiques étaient source de frustrations pour lui parce que l'environnement de travail immédiat entrait en résonance avec un seul aspect de sa personnalité : son penchant conventionnel pour les choses structurées, l'organisation et la prévisibilité.

Locus de contrôle

Sean aimait l'informatique et les ordinateurs mais ne s'était jamais défini comme un développeur. Ce sont ses camarades, ses professeurs et ses collègues qui ont forgé l'identité « Sean le développeur » avec leurs félicitations et leurs discours. Ces encouragements, et la proposition de poste de Credence, ont tout naturellement conduit Sean à faire sienne cette identité de « développeur » sans se demander si elle lui correspondait réellement. À tel point que Sean attribuait ses difficultés professionnelles à des sources externes (ses employeurs) et non à des sources internes (discordance entre ressources clés et activités clés découlant d'une connaissance de soi insuffisante).

ENJEU

APPRENDRE DU POINT DE VUE D'AUTRUI

PROFIL

L'ÉTUDIANTE EN PRÉPA MÉDECINE

Personne n'avait poussé Khushboo Chabria à faire médecine. Sa décision, elle l'avait prise toute seule. Le fait est que ses parents auraient préféré qu'elle choisisse un cursus moins exigeant et qu'elle ne tarde pas trop à se marier et à avoir des enfants.

Mais cela faisait des années que Khushboo rêvait de devenir médecin. Et, déterminée comme elle l'était, elle s'inscrivit en prépa à l'université de Californie, à San Diego.

Il apparut bientôt, toutefois, que l'indépendance et la détermination de Khushboo occultaient une profonde inadéquation entre ses objectifs et sa véritable nature.

La jeune fille le comprit au cours d'un entretien d'embauche avec un professeur de chimie organique qui recherchait un assistant de laboratoire. Le professeur interrogea Khushboo sur ses expériences professionnelles, et notamment un stage de six mois à Washington au cours duquel elle avait travaillé sur la réforme du système de santé.

« Vos yeux brillent lorsque vous parlez de ce stage mais vous ne laissez pas paraître le même enthousiasme pour la science, lui fit-il remarquer. À croire que vous n'êtes pas là où vous devriez être. »

Khushboo commença alors à prendre conscience que les choses qui comptaient pour elle et qu'elle aimait faire – le stage sur le système de santé, travailler sur un programme d'hébergement d'urgence pour les étudiants, son emploi marketing à temps partiel au bureau des activités du campus – étaient fondamentalement différentes des activités que comportaient l'étude et la pratique de la médecine.

Sa véritable épiphanie eut lieu au cours d'une conversation avec un ami, un soir, dans un café. « Tu ne fais pas ce que tu as vraiment envie de faire, insista-t-il. La blouse blanche, ce n'est pas pour toi. »

Khushboo quitta le café, furieuse, avant de comprendre qu'elle était en colère parce que son ami avait raison. Les aspects Social et Entreprenant de sa personnalité l'emportaient largement sur ses inclinaisons Investigateur.

« Je ne m'étais pas rendu compte que les choses qu'il faut apprendre pour devenir médecin ne m'intéressaient pas assez, explique-t-elle. Je n'aurais pas pu découvrir qui je suis si d'autres ne m'avaient pas aidée à comprendre quelles activités me satisfont réellement. »

Khushboo suit aujourd'hui un cursus universitaire en psychologie et développement humain, avec l'espoir d'exercer plus tard une activité associant psychologie sociale, innovation et politique publique.

Passer du temps avec une personne de confiance

L'expérience de Khushboo montre combien peut être précieuse l'aide d'une personne de confiance en matière de choix et d'orientation professionnels. Nous avons conçu ce livre, *Business Model You*, pour qu'il soit un peu ce conseiller de confiance. Mais pour la découverte de soi, rien ne saurait remplacer le dialogue avec la famille, les amis, les collègues ou des professionnels de la gestion de carrière.

NOM KHUSHBOO CHABRIA

Quelle personne êtes-vous ?

Voici un exercice de découverte de soi simple et efficace que vous pouvez faire avec un ami, un collègue, un supérieur, un parent ou tout autre partenaire qui connaît suffisamment votre personnalité et votre caractère.

1. Faites plusieurs photocopies de la liste de qualités personnelles qui se trouve en pages 122 et 123. Sur l'une d'entre elles, entourez les qualités qui vous décrivent le mieux. Choisissez-en une douzaine environ.

2. Décrivez ce que les mots sélectionnés signifient pour vous. Si vous avez entouré « constant », par exemple, vous pourriez indiquer : « Je reste toujours sur un projet jusqu'à ce qu'il soit terminé et je me laisse rarement distraire. »

3. Donnez une photocopie de la liste de mots à une personne de confiance – ami, collègue, employeur, membre de votre famille ou autre partenaire. Demandez-lui d'entourer une douzaine de mots qui vous décrivent. Voici une façon de présenter les choses :

« J'essaye de savoir comment les autres me perçoivent. Tu veux bien entourer une douzaine de mots qui, selon toi, me décrivent bien ? »

4. Ensuite, discutez avec la personne et demandez-lui pourquoi elle a choisi tel et tel mot. Vous pouvez par exemple engager la discussion comme ceci :

« Tu as entouré "créatif". Comment ma créativité se manifeste-t-elle ? Dirais-tu que la créativité est importante pour moi en tant que personne ? Y a-t-il d'autres raisons pour lesquelles tu as entouré ce mot ? »

5. Répétez l'exercice avec autant de personnes de confiance que vous le pouvez. Après trois ou quatre sessions, des thèmes communs devraient émerger. Les perceptions que les autres ont de vous correspondent-elles à votre perception de vous-même ? Il n'est pas exclu que vous vous découvriez des points forts dont vous n'aviez pas idée[14] !

À l'aise avec l'abstraction
Adaptable
Affectueux
Agacé
Agressif
Aimant
Aimant s'amuser
Alarmiste
Ambitieux
Amer
Amical
Amusé
Analytique
Angoissé
Anxieux
Apeuré
Assuré
Astucieux
Attentionné
Audacieux
Autocritique
Autonome
Autoritaire
Aventureux
Axé sur l'action
Bâtisseur
Bâtisseur d'équipe
Bavard
Bien informé
Boudeur
Calme
Centré sur le client
Chagriné
Chaleureux
Changeant
Charismatique
Circonspect
Clément
Cœur tendre
Cohérent
Compétent
Compréhensif
Concentré
Conciliant
Confiant
Conservateur
Constant
Consterné
Content
Content de soi
Contenté
Contrarié
Coopératif
Courageux
Craintif
Créatif
Crédible
Critique
Curieux
Curiosité d'esprit
Décontracté
Déçu
Dédaigneux
Déférent
Délicat
Dépendant
Déprimé
Désolé
Désorganisé
Détendu
Déterminé
Diligent
Diplomate
Direct
Discipliné
Discret
Distant
Dominant
Doué
Doué pour les études
Doux
Dynamique
Efficace
Émotif
Empathique
En colère
Encourageant
Énergique
Engagé
Ennuyé
Entêté
Ennuyeux
Enthousiaste
Entreprenant
Équipier
Esprit de compétition
Étourdi
Exceptionnel
Excitant
Expansif
Expérimenté
Expert
Expression claire et aisée
Facétieux
Facile à vivre
Factuel
Faible
Ferme

Fiable
Fier
Flexible
Fort
Fou
Franc
Froid
Frustré
Gai
Généreux
Gentil
Honteux
Hostile
Humilié
Hypersensible
Hystérique
Idéaliste
Imaginatif
Impatient
Imprudent
Impuissant
Impulsif
Indécis
Indépendant
Indifférent
Individualiste
Indulgent
Influent
Inhabituel
Initiateur
Innovant
Inquiet
Insensible
Insouciant
Instruit
Intellectuel
Introspectif
Jaloux
Joyeux
Large d'esprit
Lent
Logique
Loyal
Maîtrise de soi
Manque d'ambition
Méditatif
Méfiant
Méprisant
Méthodique
Minutieux
Modeste
Motivé
Mûr
Naïf
Objectif
Obstiné
Opiniâtre
Opportun
Ordonné
Orienté sur les tâches
Ouvert
Passionné
Patient
Pénétrant
Pensée stratégique
Perdu
Performant
Perplexe
Persévérant
Perspicace
Persuasif
Perturbé
Piégé
Pionnier
Plein d'humour
Plein de remords
Plein de ressources
Plein de tact
Ponctuel
Positif
Pragmatique
Pratique
Précis
Prévisible
Prise de risque
Proactif
Professionnel
Protecteur
Prudent
Pudique
Rapide
Rationnel
Réactif
Réaliste
Rebelle
Reconnaissant
Rejeté
Remarquable
Réservé
Résistant
Résolu
Responsable
Réussite
Satisfait
Sauvage
Sceptique
Secret
Sens du commerce
Sens du détail
Sensible
Serein
Sérieux
Serviable
Simple
Sincère
Sociable
Soigné
Soigneux
Solide
Sombre
Sophistiqué
Soulagé
Soupçonneux
Spirituel
Spontané
Stimulant
Stupide
Sûr de soi
Surpris
Susceptible
Sympathique
Tenace
Tendre
Tendu
Terre-à-terre
Théorique
Timide
Tolérant
Traditionnel
Tranquille
Travailleur
Triomphant
Triste
Trompé
Unique
Vaincu
Vengeur
Versatile
Vicieux
Vigoureux
Visionnaire
Vivant
Volontaire

Définir le travail, se définir soi-même

Qu'est-ce que le travail pour vous ?

Nous ne sommes pas menacés de licenciement. Nous ne ressentons même pas les symptômes du *burnout*. Et pourtant, combien sommes-nous, à l'image d'Andrea avant de perdre son emploi, à avoir mis notre carrière en pilote automatique ? Nous progressons sans trop de heurts mais nous laissons aux circonstances le soin de fixer notre direction et notre vitesse. Lorsque notre activité professionnelle repose sur un véritable centre d'intérêt, il se peut même que nous en retirions de la satisfaction. Mais la satisfaction est bien fragile quand on ne pilote pas soi-même son avion.

Un bon moyen de savoir si vous êtes en pilote automatique – et de continuer à progresser dans le processus d'introspection –, est de réfléchir à la place qu'occupe aujourd'hui le travail dans votre vie pour savoir si elle est en accord avec ce que représente le travail pour vous. En dépit de nos multiples facettes (que nous venons d'explorer !), nous sommes nombreux à nous définir d'abord et surtout par notre travail. « Et quelle est votre profession ? » : n'est-ce pas, bien souvent, la première question que l'on pose à quelqu'un dont on fait la connaissance ? Or, le travail peut revêtir des significations très différentes selon les individus. Et ce que le travail signifie pour vous est une part importante de *qui vous êtes*.

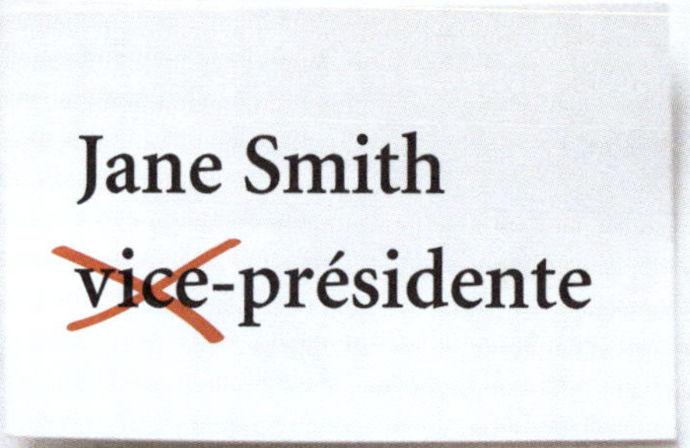

Les spécialistes distinguent trois conceptions du travail

Le travail comme moyen de gagner sa vie

C'est-à-dire, travailler pour le chèque qu'on touche à la fin du mois, sans beaucoup d'implication ni de satisfactions personnelles.

Roy Baumeister définit cette conception du travail dans son livre *Meanings of Life* : « Cela devient une activité instrumentale – c'est-à-dire une chose que l'on fait principalement pour autre chose. »

Il n'en demeure pas moins qu'un « boulot », comme on dit communément, peut apporter bien des satisfactions tout en permettant à l'individu, par les revenus qu'il lui procure, d'assouvir des aspirations dans d'autres sphères de sa vie.

Le travail comme carrière

Cette conception est nourrie du désir de réussite, d'accomplissement et de statut. Il ne s'agit pas d'un attachement passionné au travail en tant que tel, explique Roy Baumeister. Ce qui est important, c'est « l'image de soi qui en découle. Le travail est un moyen de créer, définir, exprimer, affirmer et glorifier l'ego ». Cette conception du travail peut constituer une source importante d'accomplissement et d'épanouissement.

Le travail comme vocation

Comme l'évoque le témoignage de Carol rapporté en page 126, le mot « vocation » désigne, au sens étymologique, un « appel » à accomplir un certain type de travail : appel extérieur – être appelé par Dieu ou la communauté – ou appel intérieur lorsqu'un don demande à s'exprimer. On l'accomplit parce qu'on « se sent poussé par une obligation, un devoir ou une destinée personnels », indique Baumeister.

Nous souhaitons proposer ici une quatrième vision du travail : le travail comme accomplissement.

Le travail comme accomplissement

On peut le définir comme une conception du travail motivée par un intérêt très fort (voire passionné), mais dénuée de la dimension irrésistible, totale, de la « vocation ». Les individus vivant leur travail comme une source d'accomplissement n'hésiteront pas à choisir des parcours professionnels atypiques où les centres d'intérêt personnels priment sur la récompense financière, la reconnaissance ou le prestige.

Naturellement, ces quatre conceptions ne sont pas exclusives les unes des autres et le travail de tout individu peut contenir des éléments des unes et des autres. Mais ainsi définies, elles nous aident à comprendre pourquoi le travail peut donner plus ou moins de sens à notre vie.

Par exemple, pour les individus qui ont un « boulot », la sphère extraprofessionnelle (famille, loisirs, religion, etc.) sera davantage source de sens et de satisfaction.

Un « carriériste », pour sa part, place le travail au centre de sa vie. Certains sacrifieront la famille ou d'autres centres d'intérêt pour s'élever dans le monde et acquérir davantage de prestige, de richesse ou de reconnaissance.

Certaines personnes ayant une « vocation » connaîtront un épanouissement spirituel hors du commun et une grande réussite professionnelle. D'autres, *a contrario*, passeront par des manques et des souffrances inconnus du commun des travailleurs (on pense notamment aux grands artistes et aux missionnaires).

Enfin, ceux qui voient dans le travail un moyen d'accomplissement y trouveront une part essentielle du sens de leur vie, sans nécessairement y sacrifier la famille et leurs autres centres d'intérêt.

Message aux incertains

Robert Symons, psychothérapeute et conseiller en gestion de carrière londonien, sourit avec empathie lorsque Carol éclata en sanglots.

Il venait de poser à sa cliente, avocate fiscaliste de son état, la question sensible : qu'était-il advenu de l'enfant spontanée, enthousiaste qu'elle avait un jour sûrement été ?

Plus tard, revenant sur cette scène, Robert Symons faisait remarquer qu'il en avait été témoin des dizaines de fois au cours de sa carrière.

Que se cache-t-il donc derrière la réaction émotionnelle de Carol – et de tant d'autres ? Robert Symons explique que :

> *… l'illusion la plus courante et la plus stérile qui empoisonne ceux qui viennent le voir est l'idée qu'ils auraient dû avoir, d'une manière ou d'une autre, l'intuition de ce qu'il leur fallait faire de leur vie, et ce, bien avant d'avoir terminé leurs études, fondé une famille, acheté une maison et accédé au sommet d'un cabinet juridique*[15].

Ses clients, indique Symons, « n'arrivent pas à se défaire de l'idée que, par erreur ou par bêtise, ils sont passés à côté d'une véritable "vocation" ».

En d'autres termes, les individus sont convaincus qu'ils sont faits pour un certain parcours professionnel – où ils auraient excellé et se seraient épanouis – mais qu'ils n'ont pas su le trouver.

D'où leur vient cette idée ?

La notion de « vocation » tient son origine de l'époque médiévale, où elle désignait la rencontre soudaine avec un ordre venu du ciel de se consacrer aux enseignements chrétiens. Selon Symons, une variante non religieuse de cette idée a survécu et n'en finit pas de perturber d'innombrables individus. Le journaliste qui a interviewé Robert Symons dit de cette idée qu'elle :

> *… nous torture en instillant en nous l'espoir que le sens de notre vie nous sera un jour révélé, tout cuit, comme par magie, ce qui nous immunisera à tout jamais contre le doute, l'envie et les regrets*[16].

Toute idée de vocation mise à part, beaucoup d'individus ont le sentiment que leur vie professionnelle n'est pas aussi satisfaisante qu'elle pourrait l'être. Comment y remédier ? Ce professionnel du conseil en carrière qu'est Robert Symons renvoie à une idée rassurante du psychologue humaniste Abraham Maslow :

Il n'est pas évident de savoir ce que l'on veut. C'est un exploit psychologique rare et difficile.
— Abraham Maslow

À quoi consacrez-vous l'essentiel de votre temps ?

Pour nombre d'entre nous, apprendre qu'il est normal de ne pas savoir ce qu'on veut est un grand soulagement.

Beaucoup de personnes trouvent réconfortant de se dire que :

- Il n'y a pas de conception unique ou de « bonne » conception du travail.
- La vie offre de nombreuses sources de satisfaction et d'épanouissement, liées ou non au travail.
- Nos idées sur le travail – et nos capacités à faire tel ou tel travail – changent avec l'âge.
- On ne se définit pas par son travail – sauf si on le veut.

Il appartient à chacun de décider jusqu'où il s'identifie à son travail ; il n'y a pas de bonne ni de mauvaise réponse à cette question. Mais pour beaucoup, il serait grand temps, comme le suggère l'écrivain Leil Lowndes, de remplacer l'entrée en matière éculée « Quelle est votre profession ? » par une invite plus respectueuse de la définition de soi de chacun : « À quoi consacrez-vous l'essentiel de votre temps[17] ? »

- Quel rôle le travail joue-t-il aujourd'hui dans votre vie ?

- Est-ce un « boulot », une carrière, une vocation ou un accomplissement ? Un peu de tout cela ?

- La place actuelle de votre activité professionnelle dans votre vie est-elle en accord avec ce que le travail représente pour vous ?

BILAN D'ÉTAPE : LE CHEMIN ACCOMPLI

Nous avons parlé de l'esprit business model, des fondements de la pérennité financière, et de la nécessité pour toute organisation – à but lucratif, à but non lucratif, sociale – de gagner sa vie.

Nous avons vu comment l'esprit business model aide les organisations – et les individus – à se réinventer en réponse à l'évolution du contexte social, économique et technologique.

Et vous avez appris à utiliser la matrice pour décrire votre business model.

Dans ce chapitre, vous avez reconsidéré vos divers rôles extraprofessionnels, les centres d'intérêt, compétences et activités que vous aimez, vos traits de personnalité dominants, en quoi les environnements de travail ont eux aussi une « personnalité », l'importance d'impliquer des personnes de confiance dans le processus de découverte de soi et le sens et la place du travail dans votre vie.

LE CHEMIN À PARCOURIR

L'heure est venue d'aborder la question la plus fondamentale qui sous-tend tous les business models, ceux des individus comme ceux des entreprises.

C'est une question simple à laquelle il est extraordinairement difficile de répondre : quel est votre but ?

CHAPITRE 5
Définir votre but

ENJEU

LE BUT L'EMPORTE SUR LES COMPÉTENCES

PROFIL

L'HISTORIEN

Adrian Haines croit au pouvoir du passé. Diplômé d'histoire médiévale, il a travaillé toute sa vie dans ou avec des musées. Il y a cinq ans, il s'est installé dans la banlieue d'Amsterdam où l'appelait un travail de rêve : aider un éditeur de livres d'histoire à concevoir et créer de nouveaux titres en partenariat avec des conservateurs de musée et des bibliothécaires. Mais, les mois passant, deux choses ont fait prendre conscience à Adrian qu'il devait réinventer sa carrière.

Premièrement, il était frustré par la réticence de son employeur à se mettre à l'heure des publications numériques et des réseaux sociaux. Deuxièmement, sa femme ne se plaisait pas en banlieue et voulait retourner vivre en ville.

Adrian apprit qu'une grande bibliothèque nationale avait lancé le recrutement d'un « chef de projet numérisation ». Adrian pensait que le poste correspondait parfaitement à son parcours et à ses centres d'intérêt, mais il estimait qu'il ne possédait pas les compétences de management requises pour travailler dans une très grande structure, plus bureaucratique. Il demanda donc à Mark Nieuwenhuizen, membre du forum, de l'aider à revoir son business model.

La première observation de Mark fut qu'Adrian se polarisait sur les détails, en particulier sur le fait de savoir s'il possédait ou non les compétences professionnelles et managériales requises pour le poste. Mark conseilla donc à Adrian de se concentrer sur son but et sa valeur.

Après avoir réfléchi à la question, Adrian parvint à la conclusion que sa contribution – et sa véritable passion – était : « Faire sortir l'histoire des murs poussiéreux des musées et des bibliothèques pour l'installer dans des lieux où tout le monde peut en profiter. » Du même coup, il comprit mieux pourquoi son emploi ne le satisfaisait pas pleinement et mit des mots sur sa conviction que l'histoire peut certes être appréciée dans les livres et les bâtiments, mais aussi dans les médias numériques.

Adrian ayant décidé de postuler, Mark l'incita à moins se préoccuper de ses *compétences* et à réfléchir davantage à l'adéquation de son but aux *besoins* de la bibliothèque. Travaillant avec la matrice, Adrian constata que le dessein qu'il s'était fixé lui ouvrait plusieurs chemins de croissance potentiels. Par exemple, un grand nombre de ses clients actuels et passés étant des musées, il disposait d'un réseau pour chercher du travail comme directeur général d'un musée de taille moyenne ou conservateur dans un plus grand musée.

Au moment où *Business Model You* partait chez l'imprimeur, Adrian avait décroché un entretien pour un nouveau poste. Quel que soit le chemin qu'il prendra, il sait désormais que le but l'emporte sur les compétences.

« C'est incroyable toutes les possibilités professionnelles qui apparaissent lorsque vous utilisez la valeur et le but – au lieu des compétences – comme points de départ pour réinventer votre carrière. »

4. 旅先で予定しているアクティビティーは、出発前にどの程度計画しますか?

- ○ あまり事前には計画しない
- ◉ ほとんどのアクティビティーを事前に計画する
- ○ ある程度のアクティビティーは事前に計画する
- ○ ほとんど事前に計画することはない

5. 出発前にアクティビティーを計画する場合、オンラインメディアをどの程度活用していますか?

- ○ あまりオンラインメディアを活用しない
- ○ ほとんどの情報をオンラインメディアで入手する
- ○ ほとんどオンラインメディアは活用しない

6. 海外旅行の際、ショッピングに関して出発前にどんな情報を準備していますか?（複数回答可）

- ☐ ショッピングをする場所の確認
- ☐ ショップリストの用意
- ☐ 買い物リストの用意

ENJEU

QUAND LA CLÉ, CE N'EST PAS VOUS

PROFIL

L'ENTREPRENEUR

NOM

CARL JAMES

J'avais créé une société d'études et de conseil pour les entreprises souhaitant pénétrer les marchés asiatiques, en particulier le marché japonais. Après plus de six ans de labeur acharné, nous avons reçu une offre de rachat de plusieurs millions de dollars. Tout cela était nouveau, pour moi ; quand j'ai débuté, je n'avais pas idée qu'on puisse vendre des entreprises.

Bref, j'ai remboursé trois emprunts immobiliers, rempli les comptes épargne des enfants pour leurs études, emmené la famille en vacances et investi le reste afin de pouvoir vivre des intérêts. Pour autant, pas plus qu'un autre, je n'avais résolu la grande question : qu'allais-je faire de ma vie ?

D'une certaine manière, la question est même devenue plus difficile précisément *parce que* je n'avais plus à me soucier de gagner ma vie. Chercher des réponses a renforcé ma conviction que le travail ne se réduit pas à acquérir une indépendance financière.

Je pense que la plupart des entrepreneurs qui ont réussi éprouvent la même chose. J'ai discuté avec beaucoup de personnes qui ont vendu des sociétés, certaines pour plusieurs dizaines de millions de dollars. Aucune, je dis bien aucune, n'a jamais mentionné « acquérir une indépendance financière » comme motivation première à leur travail.

L'enthousiasme de ceux qui cherchent à faire fortune survit rarement aux périodes difficiles. Les entreprises qui réussissent sont ultra-concentrées sur la valeur apportée aux clients. La clé de l'entrepreneuriat, ce n'est pas vous ; c'est apporter une réponse aux besoins des autres.

Hissez l'étendard de votre but !

Revenons à la comparaison que nous avons utilisée au chapitre 2 : les modèles économiques s'apparentent à des plans. Ils guident la construction d'une entreprise comme les plans guident la construction d'un bâtiment. Poussons la comparaison un peu plus loin.

Pour créer un plan, l'architecte doit connaître la finalité du bâtiment à construire.

Par exemple, s'il est destiné à des médecins et des dentistes, le bâtiment devra être conçu pour accueillir des salles d'attente, des salles d'examen, de nombreux éviers et toilettes, et des équipements muraux lourds, comme des appareils de radiographie.

Le but est tout aussi important lorsqu'on crée une organisation ou une entreprise de zéro. Il oriente la conception de son modèle économique. En ce sens, c'est un élément « hors matrice » fondamental. C'est aussi une contrainte de conception non négligeable : aucune entreprise – aucun bâtiment – ne peut être conçue pour être tout pour tout le monde.

La même chose est vraie du business model d'un individu. Modifier ou réinventer un business model impose de commencer par préciser le but dans lequel il s'inscrit. Le but s'apparente à une sorte de « superstrate » guidant vos choix. Brandissez bien haut l'étendard de votre but !

« Si vous ne remettez pas votre travail en phase avec votre but, vous ne ferez que déplacer le problème sur un autre bureau. » — Bruce Hazen

Inversement, accorder travail et but (re)donne des ailes à une carrière – et à la satisfaction.

Par où commencer

Dans son témoignage, Carl James souligne que la clé de l'entrepreneuriat est d'apporter une réponse aux besoins des autres. Nous avançons nous aussi que le but principal de notre vie est d'aider les autres. Comme le savent les entrepreneurs qui ont réussi, même un individu dont le dessein serait d'amasser une fortune ne peut réussir qu'en *vendant des services ou des produits qui aident les gens d'une manière ou d'une autre*.

Mais comment reconnaître et/ou donner forme à votre but ? Les trois exercices suivants vous aideront à répondre à cette question essentielle.

BUT

Vous faites la une !

Cet exercice a été créé par David Sibbet[18]. Il sollicite l'imagination des participants et les aide à faire le lien entre but et centres d'intérêt.

Imaginez que deux ans ont passé et qu'un grand média vient de publier un long article sur vous, avec citations et photo de vous tout sourire. Waouh !

1. Quel est le nom/titre du média ? Choisissez un magazine, un quotidien ou une émission où vous seriez fier que l'on parle de vous.
2. De quoi parle le reportage ? Pourquoi vous consacre-t-on un article ?
3. Rédigez certaines des citations qui figurent dans l'article. Et, pourquoi pas, créez un collage avec des citations, des encadrés, des photos découpées dans des magazines, ou des schémas.

Cet exercice est particulièrement efficace pour les groupes de trois personnes ou plus, où les participants racontent leur histoire et discutent de leurs reportages respectifs.

PROFIL

L'ENSEIGNANTE

NOM

MEGAN LACEY

EXERCICE

VOUS FAITES LA UNE !

1. Je suis interviewée par Terry Gross dans l'émission *Fresh Air* sur la radio publique nationale américaine pour parler du programme de course à pied que j'ai créé dans le lycée où j'enseigne. Il a lieu après les cours et je l'ai lancé pour améliorer la participation et la motivation des élèves.

2. Au début, je retrouvais quelques élèves au stade – tous les jours après les cours – et je les aidais à s'entraîner. Au fil des mois, les élèves ont été de plus en plus nombreux à venir et j'ai enrichi le programme. Certains se sont portés volontaires pour participer à l'organisation des courses ; des parents et des habitants du quartier se sont proposés pour emmener les élèves aux manifestations et nous aider à l'entraînement. Finalement, des idées du programme ont été intégrées au cursus principal de l'école.
La participation et la motivation ont progressé. Tout comme, de manière inattendue, les notes des élèves aux examens – et le taux de réussite de l'établissement. Du coup, plusieurs autres quartiers ont à leur tour mis en place le programme.

3. Question : vous dites que vous avez commencé avec un tout petit nombre d'élèves – comment avez-vous réussi à en convaincre ne serait-ce qu'un ou deux de participer ?

J'ai promis de payer le montant de l'inscription à la course pour ceux qui participeraient à toutes les séances. Quand vous dites que vous allez payer quelque chose, les enfants écoutent.

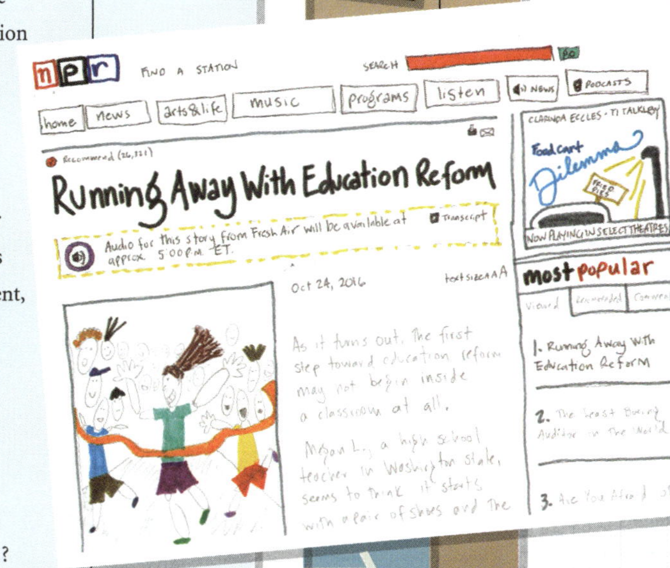

141

« Les élèves avaient besoin qu'on leur montre que l'école a une application immédiate – que c'est plus qu'une préparation pour l'université ou la vie active, des objectifs qui leur semblent très lointains. »
« Ils sont restés dans le droit chemin, ils ont amélioré leur condition physique et ils se sont intéressés à la vie de leur quartier et à leurs études. »

Les trois questions

Voici un autre exercice idéal à faire à deux ou en petit groupe. Chacun note ses réflexions sur une feuille puis les participants engagent la discussion.

1. Remémorez-vous différents moments où vous vous êtes senti comblé, épanoui (servez-vous de la ligne de vie page 99 pour retrouver des événements). Que faisiez-vous ? Pourquoi était-ce aussi agréable ? Décrivez vos sensations le plus précisément possible.

2. Donnez le nom d'une ou deux personnes qui sont des exemples pour vous. Qui admirez-vous le plus et pourquoi ? Notez plusieurs mots qui décrivent cette personne. Une des membres du forum a par exemple cité Nelson Mandela et l'a associé à *bonté, persévérance face à l'adversité, reconnaissance* et *statut*. Ces mots sont des indices des qualités qu'elle valorise chez elle et chez autrui.

3. Quelle image aimeriez-vous que vos amis gardent de vous ? Notez ce que vous aimeriez qu'ils disent de vous lorsque vous ne serez plus là.

PROFIL

LE FORMATEUR TECHNIQUE

NOM

RENATO NOBRE

EXERCICE

LES TROIS QUESTIONS

QUESTION 1

Mon expérience chez un éditeur de logiciels a été très enrichissante ; j'ai particulièrement aimé former des collègues et des partenaires. J'ai pu transmettre ce que je savais tout en apprenant des expériences des autres. Je pense que nous en avons tous perçu l'impact sur notre vie.

QUESTION 2

La personne que j'admire le plus est Zilda Arns, une pédiatre brésilienne décédée en 2010 dans le tremblement de terre d'Haïti. Elle était reconnue pour sa bonté, sa solidarité et son engagement dans la lutte contre la mortalité infantile, la malnutrition des enfants et les violences domestiques faites aux enfants.

QUESTION 3

J'aimerais qu'on se souvienne de moi comme de quelqu'un de jovial, engagé, passionné et honnête – un homme qui aimait sa famille, qui permettait à chacun, lui-même y compris, d'exprimer ses émotions et qui a eu le courage de réinventer sa vie personnelle et son travail.

Votre nouvelle vie

Un jour, le facteur frappe à votre porte et vous remet une grosse enveloppe contenant des documents juridiques. Le riche et excentrique oncle Ralph vient de mourir et vous a légué 18 millions d'euros. Pour que cet argent vous revienne, vous devez remplir deux conditions.

Le testament d'oncle Ralph exige que vous quittiez votre emploi et que vous vous consacriez à deux tâches d'un an chacune. Pendant ces deux années, vous recevrez une indemnité mensuelle pour vivre et les dépenses engagées pour mener à bien les deux tâches, transports et formation notamment, seront également prises en charge. À la fin de la première année, vous recevrez 9 millions d'euros ; une somme équivalente sera déposée dans un fonds de placement et sera débloquée à l'issue de la seconde tâche.

1. Année 1, tâche n° 1

Consacrez cette année à apprendre. Vous n'êtes PAS obligé de vous inscrire à l'université ou de suivre un quelconque programme de formation. Vous devez simplement employer votre temps et votre énergie à apprendre. Qu'apprendriez-vous ? Comment feriez-vous ?

2. Année 2, tâche n° 2

Trouvez une cause à soutenir. Vous disposez d'une année pour explorer, vous impliquer dans et, enfin, sélectionner une cause ou un projet qui compte vraiment pour vous – et qui aidera l'humanité (votre quartier/ville/pays/le monde/l'environnement, etc.). À la fin de la seconde année, vous devez donner à la cause ou au projet retenu les 9 millions déposés dans le fonds de placement. Quelle cause choisiriez-vous ?

— Épilogue —

Votre mode de vie dans trois ans

Quel type de mode de vie aurez-vous après avoir accompli les deux tâches ? Vous avez 9 millions d'euros sur votre compte en banque. Où vivrez-vous ? Avec qui ? À quoi consacrerez-vous vos journées ? Quelles activités aurez-vous ? Que vous efforcerez-vous d'accomplir ?

PROFIL **L'ASCÈTE**

NOM **HANK BYINGTON**

EXERCICE **NOUVELLE VIE**

Ce que j'apprendrais

Je suis un adepte de l'approche de l'illumination de Swami Rama, telle qu'il la décrit dans son livre *Living With the Himalayan Masters* : « Que le monde te soit peu de chose. Engage-toi sur le chemin de la spiritualité. » Voici ce que j'explorerais :

- Étudier le portugais et faire un long voyage au Brésil.
- Apprendre à mener à terme et à vendre une des douzaines d'idées de livres que j'ai eues.
- Acquérir les compétences nécessaires pour devenir un conteur multimédia hors pair : vidéographie, web et conception de blogs, stratégies de contenu et enregistrement de musique.
- Améliorer ma forme physique : faire du vélo trois fois par semaine, pratiquer le yoga et la danse, et adapter mon régime alimentaire en conséquence.

La cause que je choisirais

Je me pose régulièrement la question suivante : « Comment réduire mon existence matérielle à sa plus simple expression pour retourner à la vraie vie ? » Dans ma quête de réponses, j'ai découvert Jiddu Krishnamurti, philosophe et éducateur né en Inde, formé dans la double tradition intellectuelle de l'Orient et de l'Occident. Je pense que le message de Krishnamurti sur les relations humaines et le changement social devrait être plus largement entendu et j'aiderai donc à diffuser ses idées en travaillant avec la fondation Krishnamurti et en lui apportant mon soutien.

Le reste de ma vie

Dans trois ans, je vivrai dans une petite maison à moi dans le quartier de Santa Teresa, à Rio de Janeiro. Je maîtriserai suffisamment le portugais pour travailler avec des entreprises brésiliennes émergentes souhaitant commercialiser leurs produits aux États-Unis. J'utiliserai ma maîtrise de la langue et mes compétences de conteur multimédia pour créer des partenariats avec ces entreprises et je donnerai de mon temps pour aider les Brésiliens démunis à acquérir des ressources et des compétences pour sortir de leur misère.

Vous avez créé une matière première formidable qui vous a aidé à mieux cerner votre but professionnel. Le moment est venu d'élaborer votre

Vision

Imaginez que vous êtes financièrement indépendant – comme dans l'exercice précédent – et prêt à commencer à vivre *exactement* comme vous le souhaitez. Notez vos idées et réflexions sur cette nouvelle vie directement ici, en utilisant les trois cases ci-contre :

Activités

Décrivez les trois ou quatre activités auxquelles vous auriez le plus de plaisir à vous consacrer.

Personnes

Décrivez plusieurs personnes ou groupes de personnes avec qui vous aimeriez passer votre temps.

Aider

Comment aideriez-vous les autres ? Utilisez trois ou quatre verbes pour décrire précisément ce que vous feriez pour aider votre prochain.

Utilisez la phrase suivante, un peu approximative, comme point de départ pour rédiger votre vision :

« Je voudrais AIDER des GENS en faisant ces ACTIVITÉS. »

Ensuite, remplissez le tableau ci-dessous avec les verbes et les noms que vous avez notés dans les cases des pages 146 et 147. Placez en premier vos termes préférés !

Je voudrais	aider (verbe)	des gens (nom)	en faisant activité (verbe)

Et voilà ! Vous avez créé des phrases percutantes (et peut-être absurdes) qui expriment un but authentique. C'est en quelque sorte le premier jet de votre vision. Vous peaufinerez la forme, mais l'idée est là.

Voici comment un membre du forum *Business Model You* a commencé à élaborer sa vision :

Je voudrais aider (verbe)	des gens (nom)	en faisant activité (verbe)
inspirer	professionnels passionnés	faire
soutenir	jeunes diplômés	organiser
être en empathie	jeunes créatifs	encourager
me souvenir	mes héros	partager

Pour que sa vision soit cohérente d'un point de vue professionnel, la jeune femme n'a pas mentionné son compagnon (sa première priorité) dans la colonne « gens » du tableau. Les phrases sont un peu bancales mais leur message est clair et fort. Elles ont été remises en forme pour formuler la vision suivante :

Je voudrais aider des professionnels passionnés et de jeunes créatifs à mieux vivre en les inspirant et en les soutenant.

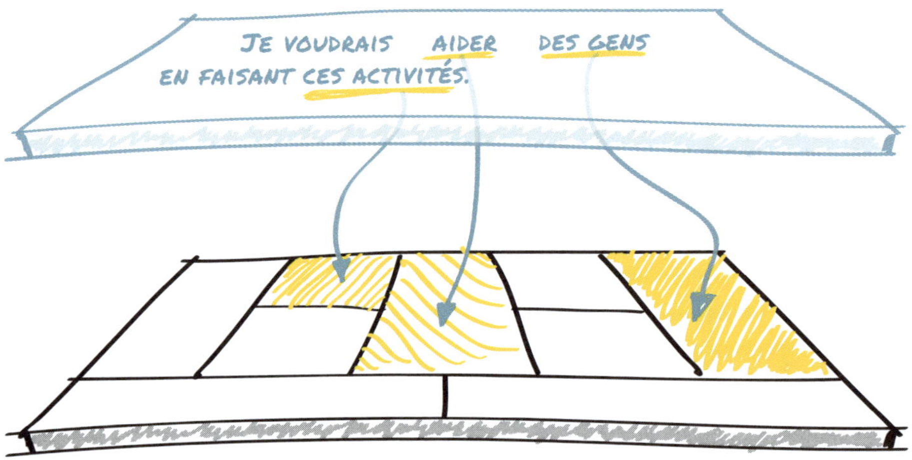
JE VOUDRAIS AIDER DES GENS
EN FAISANT CES ACTIVITÉS.

Intégrer la vision au business model

La vision, comme vous l'avez peut-être remarqué, présente des similitudes avec la matrice du business model :

Aider correspond à *Valeur apportée*

Gens correspond à *Clients* (et collègues)

Activités correspond à *Activités clés*

Votre vision est une étape cruciale vers la redéfinition de votre business model sur la base des *activités* que vous voudriez accomplir pour *apporter de la valeur aux clients*.

« Ceux qui ne sont pas préparés à s'emparer d'un grand dessein doivent s'attacher à accomplir leur tâche à la perfection, aussi insignifiante celle-ci semble-t-elle. C'est la seule façon de mobiliser et de focaliser l'esprit, et de créer énergie et détermination. Alors, il n'y a rien qui ne puisse être accompli. »

— James Allen, *L'homme est le reflet de ses pensées*

Et si vous n'arrivez pas à définir votre but ?

Que faire si vous avez des difficultés à définir votre but ? Première chose, dites-vous que vous n'êtes pas le seul :

Seulement trois pour cent des individus ont le courage d'essayer de trouver et de réaliser leurs rêves, estime un écrivain[19].

Deuxièmement, vous pouvez atteindre l'excellence et la satisfaction en vous concentrant sur votre activité actuelle.

Une vision à géométrie variable

Les cocréateurs de ce livre qui ont fait les exercices plusieurs fois ont observé qu'ils n'obtenaient pas forcément les mêmes résultats à plusieurs mois d'intervalle.

Le but, en effet, évolue au fil du temps – et pour différentes raisons. Les âges de la vie en sont une : on ne se préoccupe pas de la même chose à 20 ans (démarrer une carrière, trouver l'âme sœur, etc.) et à 50 ans (voir ses enfants devenir adultes, laisser un héritage, etc.). Les grands événements de la vie (mariage, divorce, naissance, décès, nouvel emploi) en sont une autre. Enfin, si nos principaux centres d'intérêt et capacités tendent à être stables dans le temps, la *forme de leur expression*, elle, peut évoluer.

Comme l'exprime le cocréateur Laurence Kuek Swee Seng : « La vision est un chantier permanent. » Il préconise d'en conserver une version opérationnelle et de la mettre à jour régulièrement.

Objectifs contre but

Beaucoup d'entre nous ont des objectifs dans la vie : à court, moyen ou long terme. Mais combien d'entre nous peuvent revendiquer un authentique dessein ?

But et objectifs sont des choses différentes. L'entrepreneur Oki Matsumoto fait la distinction en conseillant aux organisations de « viser l'étoile polaire, non le pôle Nord[20]. »

Pour Matsumoto, l'étoile polaire représente la *vision* d'une entreprise : une force qui montre le chemin et fédère en permanence les efforts de tous. Le pôle Nord, lui, est un objectif qu'on doit atteindre ou accomplir – auquel succédera une nouvelle destination, et ainsi de suite.

Stephen Shapiro applique le même raisonnement aux individus dans son ouvrage au titre provocateur *Goal-Free Living* (*Vivre sans objectif*). Il encourage les lecteurs à « se servir d'une boussole, pas d'une carte [et d'] errer avec un but ». L'idée est de maintenir un cap plutôt que de chercher à atteindre une destination donnée – de réunir de nouvelles informations au fur et à mesure de votre progression et, sur la base de ces informations, de confirmer que vous êtes bien dans la bonne direction ou d'infléchir votre trajectoire.

Les cocréateurs de BMY hissent le drapeau de leur vision !

我希望可以帮助各专业人士，企业家以及学生追求合资企业与各项目，通过明确，优化及强化他们实现目标的努力，我为他们的顾问，教练或合作者。

郭瑞承

Laurence Kuek Swee Seng
Malaisie

Me gustaría ayudar a profesionales cualificados con problemas de empleabilidad, con pocos conocimientos empresariales y habilidades de gestión, a repensar su futura vida profesional y reiniciar su carrera.

FERNANDO SÁENZ-MARRERO

Fernando Sáenz-Marrero
Espagne

To open dialogue to expand a person's capacity to love and be lovable.

Kat

Kat Smith
États-Unis

I will help the {UNDERVALUED + UNDERPRIVELEGED} become EMPOWERED to improve {THEIR OWN + OTHERS'} lives through mentoring, collaborating and birthing innovative impact-ful solutions.

-E

Emmanuel A. Simon
États-Unis, *via* Trinité-et-Tobago

I'D LIKE TO SUSTAIN COMPANIES AND ORGANIZATIONS THROUGH THE INNOVATION OF BUSINESS PROCESSES.

–MICHAEL ESTABROOK

Michael Estabrook
États-Unis

My purpose is to evolve the female entrepreneur so that she may turn her intellectual capital into multi-generational wealth.

Kadena Tate

Kadena Tate
États-Unis

Ik help ondernemers, investeerders businesscoaches en consultants bij het ontwikkelen van succesvolle bedrijven door complementaire ambities, netwerk en ervaring te verbinden èn te faciliteren

Marieke Post, "Ambition Angel"

Marieke Post
Pays-Bas

Me levanto todos los días, para revolucionar el mundo a través del diseño de experiencias extraordinarias e innovadoras que cambien para bien la vida de las personas. Para lograr esto es vital enseñar a la gente que la felicidad precede al éxito. Al final es acerca de hacer felices a otros.

Alfredo Osorio Asenjo
Chili

L'ÉPREUVE DE VÉRITÉ

Êtes-vous capable de parler avec assurance de votre vision ? Si vous vous sentez hésitant ou gêné, c'est qu'il faut remettre l'ouvrage sur le métier.

Lorsque votre vision est au point (du moins pour l'instant), vous pouvez passer à la phase de réinvention – et explorer des pistes pour transformer votre business model en suivant ce nouveau cap.

Réinvention

Rectifier – ou réinventer – votre vie professionnelle en vous servant de la matrice et des découvertes que vous avez faites au cours des chapitres précédents.

CHAPITRE 6
Avant de vous lancer

Moutain View, Californie
C'est jour de formation pour les collaborateurs de Google. Réunis dans une grande salle, debout, les bras en l'air, ils se balancent d'un côté à l'autre chaque fois qu'ils se sentent concernés par les phrases projetées par l'animateur :

« Plongé dans vos pensées, vous songez à votre vie, à votre avenir quand soudain, une question surgit, dérangeante : "C'est tout ? Ça se limite à ça ?" »

☐ Oui ☐ Non

« Vous vous promettez de mettre votre vie en bon ordre "quand" ceci ou cela arrivera – *quand* ce gros projet sur lequel vous travaillez sera terminé, *quand* votre mère aura récupéré de son opération et sera sortie de l'hôpital, *quand* vos enfants auront grandi, *quand* votre conjoint aura trouvé un emploi. »

☐ Oui ☐ Non

« Vous évaluez tous les événements par rapport à vous. Votre conjoint est pressenti pour un poste formidable ? Vous vous demandez quelle influence cela aura sur votre relation. Votre supérieur se fait licencier ? Vous vous demandez si c'est vous qui allez récupérer le poste ou comment vous allez vous entendre avec son successeur. »

☐ **Oui** ☐ **Non**

Srikumar Rao, formateur jovial au rire communicatif, explique à son auditoire que nous sommes dans un dialogue intérieur permanent avec nous-même, qui vient renforcer nos « modèles mentaux », la vision que nous avons du monde. Sans se laisser démonter par la vague de haussements d'épaules et de froncements de sourcils qui accueille ses propos, Rao poursuit : « Vous vivez tous dans un rêve. »

Un murmure parcourt l'assemblée.

« Votre vie tout entière, jusque dans sa réalité la plus immédiate, est faite d'histoires que vous vous êtes racontées et que vous continuez à vous raconter. »

À ces mots, quelques participants ont quitté la salle, le nez sur leur smartphone. Mais la plupart sont restés. Quarante minutes plus tard, à la fin de la session, nombreux étaient ceux qui portaient un regard neuf sur leur vie[21].

Modifier votre perspective

Rao, pour qui « il est important de se battre de toutes ses forces tout en conservant sa sérénité », soutient que ses idées n'ont rien d'original. Elles s'enracinent dans des traditions spirituelles et philosophiques millénaires qui touchent au cœur de la condition humaine.

C'est peut-être ce qui explique pourquoi son message a autant touché les collaborateurs de ce temple de la matière grise et de la technique qu'est Google. Car il faut croire que, même à l'heure du numérique, notre façon de vivre et de travailler obéit à des facteurs humains immémoriaux.

Et ce sont les éléments humains que nous devons aborder lorsque nous nous préparons à modifier notre business model. Chacun aspire à se libérer de schémas contre-productifs, et qui n'a jamais rêvé de se réinventer ?

Commençons par une version de la belle expérience imaginée au début du 20e siècle par le grand philosophe britannique Bertrand Russell.

Imaginons que vingt personnes regardent en même temps une chaise (A). Chacune d'elles voit la chaise différemment.

Selon l'endroit où se trouve la personne, sa taille, etc., elle verra par exemple (B), (C) ou (D).

Autrement dit, il peut y avoir autant de points de vue que de personnes qui regardent la chaise.

Toutes ces façons de voir correspondent-elles à la réalité ? Oui.

Bon, dans ce cas, laquelle *est* la chaise ? Hmmm.

La réponse ? Aucune. Toutes ne sont que des *représentations* de la chaise, et non la chaise elle-même. Et la « vraie » chaise (s'il en existe une) a beau être une réalité unique, chacun la vit différemment.

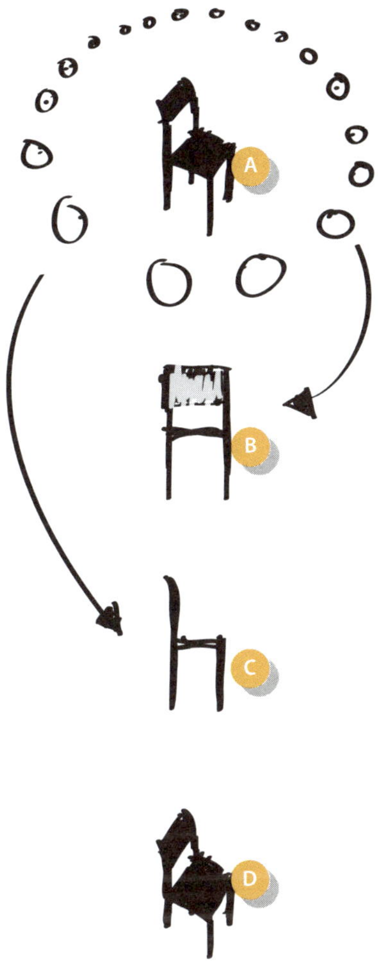

De fait, notre *perception* de la chaise nous influence davantage que la réalité de la chaise. Dès lors, l'expérience de la chaise est fondée sur une simple représentation (notre perspective), et non sur la « vraie » chaise.

Bertrand Russell a voulu démontrer qu'il nous est impossible de voir ou de connaître pleinement la réalité physique de la chaise dans sa totalité, même si nous savons qu'une telle réalité existe. Notre connaissance est toujours limitée par ce que nous voyons de la chaise.

Mais !

Si vous faisiez le tour des personnes qui regardent la chaise et restiez quelques instants derrière chacune d'elles, vous verriez vous-même différentes perspectives de la chaise.

Donc, si vingt personnes peuvent avoir vingt points de vue sur la chaise, vous pouvez changer le vôtre : il suffit de changer de perspective.

Autrement dit, vous disposez du pouvoir de « reconcevoir » la réalité.

L'homme est le reflet de ses pensées

Or, reconcevoir la réalité peut la modifier.

Tout ce que vous percevez de votre vie professionnelle, votre vie amoureuse, votre famille, vos amis n'est pas forcément la réalité : ce n'est que la *perception* que vous en avez. Et cette perception ne représente qu'une réalité possible – une des vingt vues de la chaise –, et non la *seule* réalité.

Les problèmes surgissent lorsque nous partons du principe que la « réalité » que nous percevons (alimentée par cette petite voix intérieure qui nous dit : « Ma carrière est un échec, mon boss me déteste, des collègues jaloux me mettent des bâtons dans les roues, etc. ») est *la* réalité.

Le monde tel que nous le vivons n'est pas réel. C'est ce qu'exprime Rao :

« Nous l'avons inventé. Nous l'avons construit de bric et de broc. Nous l'avons fabriqué à partir de nos modèles mentaux et vécu ensuite sous leur férule. Et nous avons continué de vivre notre vie sans jamais prendre conscience que nos modèles mentaux reposaient sur des perceptions, non sur des faits[22]. »

Transcender les modèles mentaux

Au cours de cette phase de préparation, il est intéressant d'essayer de briser nos schémas de pensée habituels. Vous connaissez peut-être l'exercice suivant, souvent utilisé pour aider les participants à engager une réflexion sur des modèles mentaux – hypothèses non dites – qui leur sont néfastes.

Reproduisez sur une feuille de papier le carré de neuf points présenté ci-contre, ou faites l'exercice directement sur la page.

1. **Joindre les neuf points.**
2. **Ne pas tracer plus de quatre lignes droites.**
3. **Ne pas lever le crayon.**
4. **Tous les points doivent être traversés par une ligne.**

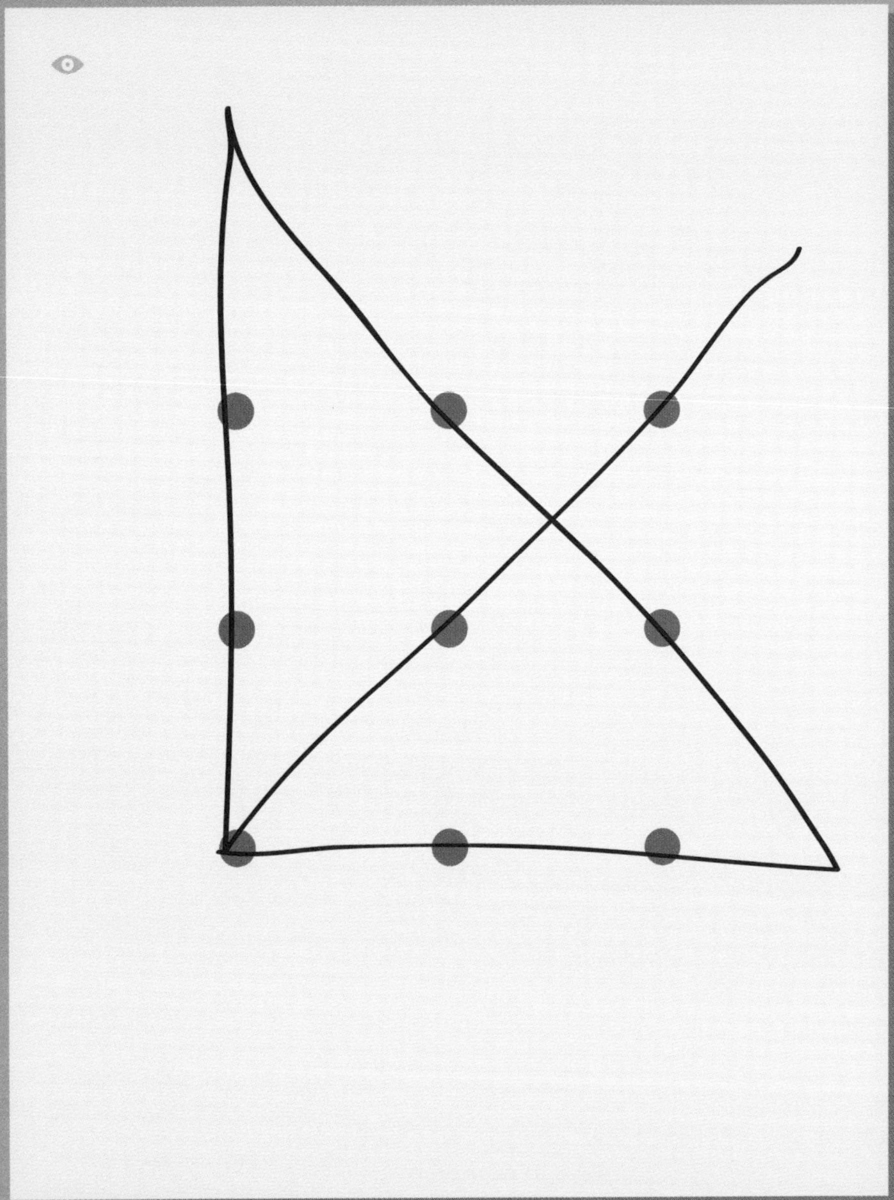

La solution consiste (littéralement) à *sortir du cadre*.

La plupart d'entre nous font l'hypothèse – notre « modèle mental » concernant ce problème – qu'il faut *rester dans le cadre formé par les neuf points*. Mais le casse-tête est impossible à résoudre dans les limites de cette hypothèse. Comme l'écrivent Rosamund et Benjamin Zander, les limites sont pure invention de notre part :

« Les cadres que crée notre esprit définissent – et limitent – ce que nous percevons comme possible. Chaque problème, chaque impasse, chaque dilemme auquel nous nous trouvons confrontés dans la vie, ne semble insoluble qu'à l'intérieur d'un cadre ou d'un point de vue particuliers. Agrandissez la boîte, ou créez un autre cadre autour des données, et les problèmes disparaissent, et de nouvelles opportunités se font jour[23]. »

À présent, exercez vos capacités de distorsion de la réalité avec cet autre casse-tête.

Rendre vraie l'égalité ci-contre en y ajoutant un seul trait :

Une solution facile consiste à tracer une ligne verticale en travers du signe « = » pour le transformer en « ≠ ». Mais il existe une autre solution… laquelle ?

$$5 + 5 + 5 = 550$$

$$545 + 5 = 550$$

L'idée que la réalité ne serait qu'un jouet entre nos mains ne résiste pas longtemps à l'analyse. Confort mental bon marché et ineptie new age. En revanche, cette perspective peut nous être extrêmement *utile* – qu'elle soit objectivement *vraie* ou pas[24].

Découvrons un autre exercice proposé par Rao pour vous aider à travailler sur les modèles mentaux (votre perception de la réalité) qui vous sont néfastes.

La rédactrice en chef

Prenez une feuille de papier et un crayon et isolez-vous pendant une dizaine de minutes.

Pensez à une situation qui vous ennuie et décrivez-la par écrit.

Découvrez comment Amber Lewis, membre du forum, a décrit sa propre situation et essayé, chemin faisant, d'imaginer une autre réalité.

« Les rédacteurs de l'équipe ne me respectent pas. Les articles qu'ils me remettent présentent toujours les mêmes défauts, les mêmes problèmes, alors que je n'arrête pas de leur envoyer des e-mails en leur expliquant ce qu'il faut faire, et pourquoi c'est important. J'ai beau faire, ils ne tiennent pas compte de mes instructions. Je suis peut-être trop jeune pour ce poste, ou alors, je ne suis pas faite pour le leadership. »

Persuadée qu'elle était dans le vrai, Amber a construit cette « réalité » autour de sa situation – des problèmes récurrents avec le travail des rédacteurs – et y croyait de plus en plus à mesure que le temps passait.

Lorsque ce genre de chose arrive, il est urgent de forger une *autre* réalité : une réalité qui explique la même situation mais qui, au lieu de vous bloquer, vous aide à avancer.

Voici l'autre réalité imaginée par Amber :

« Certains rédacteurs ont été recrutés récemment et ils n'ont pas encore tout à fait pris leurs marques ; il faut qu'ils s'habituent à notre style, et nous exigeons beaucoup d'eux. En plus, je n'ai eu de contacts avec eux que par e-mail et la messagerie électronique ne permet pas toujours une communication suffisamment précise. »

Rao insiste sur le fait que la réalité que vous forgez doit être :

1. **Mieux que celle que vous vivez actuellement.**
2. **Plausible pour vous.**

Une fois construite cette réalité de remplacement, il ne vous reste plus qu'à l'adopter, en lieu et place de l'autre. Vivez comme si elle était vraie.

C'est-à-dire, explique Rao, emparez-vous de tout ce qui va dans ce sens et ignorez résolument les preuves contradictoires. Vous aurez peut-être l'impression de jouer un rôle. Très bien ! C'est exactement ce dont il s'agit. Vous finirez par être le rôle que vous essayez de jouer.

Afin de faciliter sa transition vers sa nouvelle réalité, Amber a décidé d'organiser des réunions avec les rédacteurs pour leur parler du style de l'entreprise, répondre à leurs questions et traiter les points qui ne pouvaient l'être par e-mail. Au final, il est apparu que la « vraie » situation était très proche de la réalité forgée par Amber.

INVENTER QUELQUE CHOSE DE MIEUX

Envisagez la matrice du business model personnel comme un outil de modélisation pour vous aider à inventer une réalité qui vous convient mieux. N'oubliez pas que redéfinir un modèle économique peut être chaotique. Contrairement aux entreprises, les individus ont *plus* de priorités extraprofessionnelles et *moins* d'objectifs précis, ce qui devrait leur rendre la tâche plus compliquée. Pourtant, les entreprises se débattent avec de nombreuses difficultés :

Le défi [...] est que, processus ou non, l'innovation en matière de modèle économique demeure chaotique et imprévisible. Il faut être capable de faire face à l'ambiguïté et l'incertitude tant qu'une solution satisfaisante n'aura pas émergé [...]. Les personnes impliquées doivent être prêtes à consacrer beaucoup de temps et d'énergie à explorer plusieurs possibilités sans se précipiter pour adopter une solution[25].

CHAPITRE 7
Redessiner votre business model personnel

NOM **AL GORE**

ENJEU

TRANSFORMER SES « FAIBLESSES » EN ATOUTS

PROFIL

LE MILITANT ÉCOLO

Qu'on l'apprécie ou non, Al Gore, ancien vice-président des États-Unis, nous offre un exemple extraordinaire de réinvention. But, perspective, identité : il a tout remis en question pour imaginer un nouveau business model.

Al Gore a entamé sa réinvention au lendemain des élections présidentielles américaines de 2000. Arrivé en tête du vote populaire avec plus d'un demi-million de voix d'avance, il a dû s'incliner devant la décision de la Cour suprême qui a déclaré George W. Bush vainqueur à la suite du recomptage des bulletins en Floride. « Pour faire de la politique aujourd'hui, déclarait à l'époque un Al Gore désabusé, il faut tolérer la ruse et les stratégies de communication manipulatrices[26]. » Bien décidé à « démocratiser la télévision », il lance en 2002 sur le câble Current TV, une chaîne de télévision au modèle économique révolutionnaire pour l'époque, fondé sur la production de contenu par les utilisateurs. Quelques années plus tard, donnant une nouvelle dimension à sa passion de toujours pour l'écologie, il crée un fonds d'investissement axé sur les entreprises engagées en faveur du développement durable économique et environnemental.

La réinvention d'Al Gore a atteint son apogée en 2006 avec la sortie de *An Inconvenient Truth* (*Une vérité qui dérange*), documentaire récompensé par deux oscars, au cours duquel il intervient avec une présentation PowerPoint sur le réchauffement climatique. En tant qu'homme politique, Al Gore s'était battu pendant près de trente ans pour sensibiliser public et hommes politiques aux menaces pesant sur la couche d'ozone. Mais il aura fallu un nouveau business model personnel pour qu'il atteigne enfin son objectif : le film a attiré l'attention du monde entier et fait d'Al Gore une super star des médias et un défenseur de premier plan des causes environnementales.

Le succès de la réinvention du business model d'Al Gore repose sur plusieurs facteurs :

- Recentrage sur ses centres d'intérêt : la passion de Gore pour la défense de l'environnement – une faiblesse lorsqu'il faisait de la politique – est devenue sa plus grande force en tant que citoyen.
- Élargissement de sa base de clients : Al Gore a porté sa contribution bien au-delà des États-Unis – et à de nouveaux secteurs, à l'extérieur de la sphère politique.
- Utilisation de nouveaux canaux : le film, des DVD et des livres ont converti la valeur apportée par Al Gore en produits susceptibles de toucher un nombre beaucoup plus important de personnes.

Transformation du business model d'Al Gore

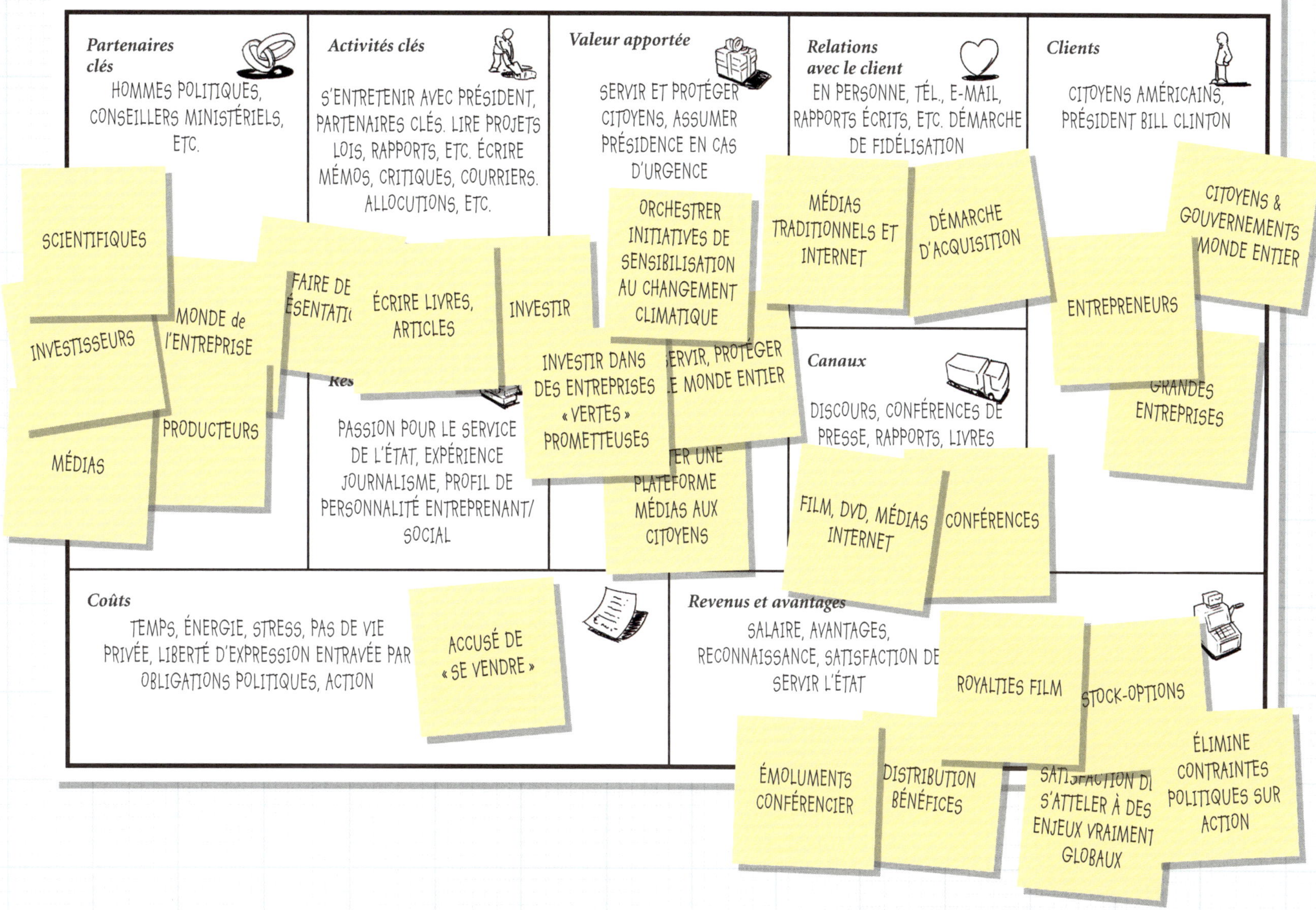

Redessiner votre business model

Nous vous proposons ci-dessous un parcours en cinq étapes pour vous aider à associer vos découvertes des chapitres 4 à 6 à des outils de réinvention indispensables, et vous guider ainsi vers votre nouvelle matrice.

1. Dessinez votre business model tel qu'il se présente aujourd'hui

Vous vous souvenez de la version que vous en avez donnée au chapitre 3 ? Reproduisez-la ici ou sur une feuille de papier. Cette fois, guidé par votre but, vous devriez être en mesure d'exprimer avec plus de force qui vous êtes et votre contribution, et de définir plus précisément qui vous aidez.

2. Identifiez les points douloureux

En quoi votre vie professionnelle vous fait-elle souffrir ? En utilisant la matrice que vous venez de dessiner, entourez les blocs qui sont sources d'insatisfaction.

Par exemple, si vous voulez gagner plus d'argent, entourez le bloc Revenus. Ou si vous n'aimez pas vendre, et que c'est pourtant une de vos activités clés, entourez le bloc Activités clés et l'élément « vendre ».

3. Posez-vous les questions de diagnostic

Ensuite, faites le diagnostic du ou des blocs qui vous font le plus souffrir, en utilisant les questions proposées dans les pages qui suivent. Certaines questions portent sur des problèmes ; d'autres indiquent des opportunités potentielles. Dans tous les cas, reportez-vous aux « Pistes de solution » pour trouver des conseils sur le type d'actions que vous pourriez entreprendre.

La matrice de votre business model personnel

Qui vous aide
(Partenaires clés)

Ce que vous faites
(Activités clés)

Vous et les moyens dont vous disposez
(Ressources clés)

Votre contribution
(Valeur apportée)

Comment vous interagissez
(Relations avec le client)

Comment vous diffusez votre offre
(Canaux)

Qui vous aidez
(Clients)

Ce que vous donnez
(Coûts)

Ce que vous recevez *(Revenus et avantages)*

Diagnostic

Vous et les moyens dont vous disposez 

Ce que vous faites 

Questions	Pistes de solution
Votre travail vous intéresse-t-il ?	Oui ? Formidable ! Dans le cas contraire, il existe probablement une dissonance fondamentale entre les **ressources clés** (vous et les moyens dont vous disposez) et les **activités clés** (ce que vous faites). C'est peut-être aussi le moment de réexaminer votre but. Reportez-vous aux chapitres 4 et 5.
Une de vos capacités ou compétences est-elle inexploitée ou sous-exploitée ?	Une compétence ou une capacité négligée ou mal utilisée génère des **coûts** sous la forme de stress ou d'insatisfaction. Pouvez-vous ajouter cette capacité ou compétence à vos **activités clés** pour soutenir ou améliorer votre **valeur apportée** ? Reportez-vous aux chapitres 4 et 5 pour comprendre pourquoi vous sous-exploitez cette compétence.
Votre profil de personnalité est-il en phase avec votre environnement de travail ? (Souvenez-vous, l'« environnement de travail » est en grande partie défini par les personnes avec qui vous travaillez.) Votre profil de personnalité est-il en harmonie avec vos activités professionnelles ?	Oui ? Génial ! Dans le cas contraire, la solution peut consister à acquérir de nouveaux **clients** (ou **partenaires clés**) au profil de personnalité plus compatible avec le vôtre. Les clients étant liés à la **valeur apportée**, reportez-vous aux questions de diagnostic correspondantes en page suivante. Vérifiez avec le chapitre 4 que vos activités professionnelles sont en accord avec votre personnalité.

Qui vous aidez

Questions	Pistes de solution
Appréciez-vous vos **clients** ?	Oui ? Formidable ! Dans le cas contraire, quelles seraient les qualités du **client** « idéal » ? Est-il possible de trouver ce type de clients dans votre secteur d'activité actuel ? Dans la négative, envisagez de revoir votre modèle.
Qui est votre **client** le plus important ?	Définissez pourquoi ce **client** est aussi important. Bénéfices sonnants et trébuchants ? Avantages immatériels ? Un peu des deux ? Ce **client** justifie-t-il une **valeur apportée** nouvelle ou spécifique ?
Quelle est la véritable tâche que le **client** souhaite voir accomplie ? Le **client** a-t-il une raison ou une motivation « plus large » de recourir à vos services ? Par exemple, votre **client** sert-il un autre **client** qui a une tâche plus importante à faire réaliser ?	Est-il possible de redéfinir, repositionner ou modifier la **valeur apportée** pour aider le **client** à mener à bien une tâche de plus grande envergure ?
Servir le **client** est-il trop coûteux ? Servir le **client** vous met-il hors de vous ?	Les **coûts**, y compris les **coûts** immatériels, sont-ils trop élevés pour justifier de servir ce **client** ? Les **revenus** (ou **avantages**) sont-ils trop faibles ? Pouvez-vous vous permettre de vous séparer de ce **client** ? Reportez-vous aux questions de diagnostic de la **valeur apportée**, des coûts et des **revenus et avantages**.
Le **client** assimile-t-il **activités clés** et tâche à accomplir ? Et vous ?	Il arrive que les **clients** eux-mêmes n'aient pas défini avec suffisamment de précision la tâche à accomplir. Pouvez-vous les y aider ? Pouvez-vous redéfinir ou modifier les **activités clés** pour augmenter votre **valeur apportée** ?
Avez-vous besoin de nouveaux **clients** ?	Dans l'affirmative, envisagez de déployer une stratégie de **relations avec le client** centrée sur l'acquisition. Avez-vous besoin de faire davantage de commercial ou de marketing ? D'améliorer ou de développer vos compétences dans ce domaine ? De trouver des **partenaires clés** qui peuvent vous aider à acquérir de nouveaux **clients** ?

Votre contribution

Questions	Pistes de solution
Quels éléments de votre offre sont réellement valorisés par le **client** ?	Posez la question au **client** – sa réponse pourrait vous étonner. Reportez-vous aux questions de diagnostic des **clients** en page 181.
Votre **valeur apportée** répond-elle aux éléments les plus importants de la tâche que vous aidez le **client** à accomplir ?	Êtes-vous certain d'avoir bien compris le besoin du client ? Pouvez-vous redéfinir/repositionner ou modifier vos **activités clés** pour vous centrer davantage sur les éléments essentiels de la **valeur apportée** ?
Pourriez-vous apporter votre **valeur** *via* un autre **canal** ?	Votre **client** a-t-il une préférence pour le **canal** actuel ? Pourriez-vous adapter la **valeur apportée** à d'autres **canaux** ? Pourriez-vous transformer votre **valeur apportée** en produit, créant ainsi un business model évolutif (voir page 45) ?
Prenez-vous plaisir à apporter votre **valeur** à vos **clients** ?	Oui ? Parfait ! Dans le cas contraire, revoyez vos **ressources clés** et envisagez de remanier votre modèle.

Comment vous diffusez votre offre

Comment vous interagissez

Questions concernant les canaux	Pistes de solution
Comment les **clients** vous connaissent-ils ? Comment les **clients** évaluent-ils vos services (ou produits) ? Permettez-vous aux **clients** d'acheter selon leurs préférences ? Comment délivrez-vous votre service/produit ? Comment assurez-vous la satisfaction après l'achat ?	Avez-vous *défini* avec précision votre contribution, afin de pouvoir *communiquer* sur celle-ci ? Quelles nouvelles pistes s'offrent à vous pour vous faire connaître ou favoriser l'évaluation de votre offre (médias sociaux, présentations en ligne, etc.) ? L'achat et la livraison de la prestation s'effectuent-ils selon les modes préférés des **clients** ? Pouvez-vous proposer différentes options d'achat ? Pouvez-vous avoir recours à un support innovant ou à un autre support (DVD, podcast, vidéo, etc.) que celui que vous utilisez ? Un **partenaire clé** pourrait-il faire connaître votre offre ou délivrer votre prestation en votre nom ? Avez-vous demandé aux **clients** s'ils sont satisfaits de votre produit ou service ?
Via quel(s) **canal(aux)** créez-vous de la notoriété et délivrez-vous actuellement votre **valeur apportée** ? L'apportez-vous directement aux **clients** ?	Est-il possible de convertir votre service en produit et, partant, d'en faire bénéficier un nombre beaucoup plus élevé de **clients** ? (C'est la clé pour créer un modèle économique évolutif ; reportez-vous aux questions de diagnostic de la **valeur apportée**.)

Questions concernant les relations avec le client	Pistes de solution
Quel type de relations le **client** s'attend-il à ce que vous établissiez et entreteniez avec lui ?	Les moyens de communication que vous utilisez correspondent-ils aux préférences des **clients** ? Envisagez de faire évoluer vos méthodes de communication.
Quel est le premier objectif de votre stratégie de **relations avec le client** : fidélisation ou acquisition ?	Si votre premier objectif est la fidélisation, une de vos **activités clés** évalue-t-elle la satisfaction des **clients** ? (Si le taux de satisfaction laisse à désirer, reportez-vous aux questions de diagnostic de la **valeur apportée**.) Si votre objectif est l'acquisition, avez-vous besoin d'ajouter ou de développer des **activités clés** liées à la vente ou au marketing ?
Créer ou participer à une communauté d'utilisateurs améliorerait-il la communication avec vos **clients** ? Pourriez-vous cocréer un service ou un produit avec vos **clients** ?	Vos **clients** pourraient-ils s'entraider – ou pourriez-vous automatiser tout ou partie des **relations avec le client** – grâce à une communauté d'utilisateurs ? (Voir **canaux**.) Explorez la possibilité de modifier ou de réinventer, avec l'aide de votre client, votre **valeur apportée**.

Qui vous aide

Questions	Pistes de solution
Qui sont vos **partenaires clés** ?	Un **partenaire clé** pourrait-il prendre en charge une de vos **activités clés**, ou vice-versa ? Pourriez-vous diminuer vos **coûts** en renforçant une relation avec un **partenaire clé** ou en la rendant plus stratégique ? Pourriez-vous modifier la **valeur apportée** ou en créer une nouvelle en vous alliant avec un **partenaire clé** ?
Si vous n'avez pas de **partenaire clé**, devriez-vous envisager d'en trouver un ?	Pourriez-vous obtenir une **ressource clé** importante à un coût moindre ou avec une meilleure efficacité/qualité en vous la procurant auprès d'un **partenaire clé** au lieu de la chercher en interne ? Pourriez-vous transformer/repositionner un collègue en **partenaire clé** ? Ou, au contraire, devriez-vous éliminer un **partenaire clé** existant ?

Ce que vous recevez  Ce que vous donnez 

Questions concernant les revenus et avantages	Pistes de solution
Les **revenus et avantages** sont générés **en apportant de la valeur aux clients**. Les **revenus** sont-ils suffisants ?	Dans la négative, vous avez peut-être besoin de faire évoluer votre portefeuille de **clients** en ajoutant des activités marketing. L'interprétation qu'ont les **clients** de la **valeur apportée** correspond-elle à la vôtre ? Dans l'affirmative, envisagez de négocier une augmentation du prix ou une baisse des **coûts**. Dans la négative, reportez-vous aux questions de diagnostic de la **valeur apportée.**
Acceptez-vous des **revenus** ou **avantages** peu élevés parce que vous sous-estimez la **valeur apportée** ?	Vérifiez que vous (ou les **clients**) n'assimilez pas **activités clés** et **valeur apportée** ou que vous n'interprétez pas mal la tâche à accomplir. Pour quoi les **clients** sont-ils réellement disposés à payer ? Explorez les questions de diagnostic des **clients** et de la **valeur apportée** pour voir si vous pouvez augmenter la **valeur apportée**.
Les **revenus** actuels seraient-ils suffisants si les **coûts** pouvaient être diminués ?	Dans l'affirmative, pouvez-vous réduire/modifier les **activités clés** requises pour servir le **client** ? Dans la négative, envisagez de trouver des **clients** supplémentaires/nouveaux ou de revoir votre modèle.
Les **revenus** sont-ils payés comme le préfèrent les **clients** ou comme vous le préférez ?	Pourriez-vous passer d'un modèle de salariat à un modèle de sous-traitance ? D'un modèle d'honoraires à un modèle d'abonnement ? Ou vice-versa ? Serait-il possible de transformer votre service en produit qui pourrait être vendu, loué, licencié ou proposé sur abonnement ? Pourriez-vous recevoir un paiement en nature ? Serait-il possible de négocier des **avantages** qui coûtent peu aux **clients** mais précieux pour vous ?

Questions concernant les coûts	Pistes de solution
Quels sont les principaux **coûts** que vous encourez avec votre modèle actuel ?	Prenez en considération les **coûts** immatériels (stress, insatisfaction) et les **coûts** matériels (temps, énergie, argent). Pouvez-vous réduire ou éliminer des **coûts** en modifiant une **activité clé** ou en la partageant avec un **partenaire clé** ? Certaines **activités clés** pourraient-elles être réduites ou supprimées sans dommage pour la **valeur apportée** ? Serait-il possible d'augmenter de manière importante la **valeur apportée** en investissant davantage dans un **partenaire clé** ou les **ressources clés** ?
Quelles **activités clés** génèrent les **coûts** immatériels les plus élevés ?	Les **activités clés** qui engendrent des coûts immatériels très élevés sont souvent révélatrices d'une inadéquation entre les **ressources clés** et les **activités clés**. Reportez-vous au chapitre 4.

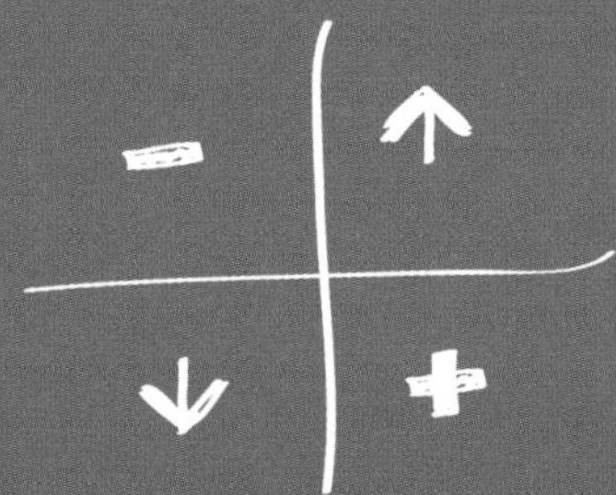

4. Modifiez les blocs et évaluez l'impact des modifications

En vous reportant à vos réponses aux questions de diagnostic, notez dans le tableau ci-contre les modifications que vous voudriez apporter aux blocs de votre matrice. Par exemple, si vous voulez réduire votre activité de prospection, inscrivez « prospection » dans la case qui se trouve à l'intersection de la colonne « Réduire » et de la ligne « Ce que vous faites ».

Pour une présentation détaillée de cette technique, reportez-vous à la grille des quatre actions proposée par W. Chan Kim et Renée Mauborgne dans *Stratégie Océan Bleu* (Pearson, 2010).

Bloc	Ajouter +	Supprimer -	Développer ^	Réduire ˅
Vous et les moyens dont vous disposez				
Ce que vous faites				
Qui vous aidez				
Votre contribution				
Comment vous diffusez votre offre				
Comment vous interagissez				
Qui vous aide				
Ce que vous recevez				
Ce que vous donnez				

Évaluer les incidences de vos modifications est un processus fascinant, et parfois compliqué. Les blocs, en effet, sont liés les uns aux autres : modifier un élément dans un bloc exige de changer un élément dans un autre. Nous avons brièvement abordé cette question au chapitre 2, lorsque vous avez représenté la matrice de votre organisation. Nous vous proposons ici une méthode plus élaborée pour apporter des changements à votre modèle et en mesurer la portée.

Comprendre l'interdépendance des blocs

Imaginons que vous soyez confronté à un problème classique au niveau du bloc Revenus et avantages : il n'entre pas suffisamment d'argent dans vos caisses. Pour augmenter vos revenus, vous pouvez : 1) conquérir plus de clients, de meilleurs clients ou des clients différents ; ou 2) proposer une valeur apportée plus forte, différente ou que vous vendrez plus cher.

Supposons que vous décidiez d'augmenter vos revenus en conquérant de nouveaux clients. Vous notez alors dans le tableau les caractéristiques de ces clients à l'intersection de la ligne « Qui vous aidez » et de la colonne « Ajouter ».

Admettons donc que vous veniez d'ajouter un client à votre modèle. Jusque-là, rien de bien compliqué. Mais comme nous le savons pertinemment, le nouveau client ne surgira pas par

Bloc	Ajouter +	Supprimer -	Développer ^	Réduire ˇ
Vous et les moyens dont vous disposez	MISE À NIVEAU COMPÉTENCES MARKETING, VENTES			
Ce que vous faites			ACTION COMMERCIALE OU MARKETING	
Qui vous aidez	NOUVEAU CLIENT			
Votre contribution				
Comment vous diffusez votre offre				
Comment vous interagissez				
Qui vous aide				
Ce que vous recevez				
Ce que vous donnez				

magie. Ajouter un client implique généralement des efforts commerciaux ou marketing supplémentaires. Il faut donc que vous remplissiez également les cases « Ajouter » ou « Développer » de la ligne « Ce que vous faites ».

L'élément que vous venez d'introduire dans vos activités peut à son tour avoir des incidences sur d'autres blocs. Par exemple, si vos compétences commerciales sont insuffisantes, vous souhaiterez peut-être suivre une formation spécialisée ou un cursus de marketing. Vous rempliriez alors la case correspondante, comme indiqué sur le tableau de la page précédente.

Une autre possibilité pour dynamiser vos ventes serait d'engager un partenaire possédant des compétences dans ce domaine. Dans ce cas-là, vous rempliriez la case correspondante du tableau, dans la ligne « Qui vous aide ».

Pour bien redéfinir votre business model, il n'y a qu'une façon de procéder : lorsque vous modifiez un élément d'un bloc en vue d'obtenir un certain résultat, identifiez l'impact de ce changement sur les autres blocs. Après quoi, modifiez en conséquence les éléments de ces autres blocs.

Procédez de même pour chaque bloc que vous voulez améliorer et apportez les ajustements requis.

Bloc	Ajouter +	Supprimer -	Développer ˆ	Réduire ˇ
Vous et les moyens ...				
Ce que vous faites				
Qui vous aidez	NOUVEAU CLIENT			
Votre contribution				
Comment vous diffusez...				
Comment vous interagissez				
Qui vous aide	TROUVER UN NOUVEAU PARTENAIRE COMMERCIAL			
Ce que vous recevez			HONORAIRES SUPPLÉMENTAIRES	
Ce que vous donnez				

5. Redessinez votre business model

L'étape suivante consiste à dessiner une nouvelle matrice.

Ne vous y trompez pas : l'idée n'est pas de fixer sur le papier la première évolution qui vous passe par la tête. La force de la matrice tient à ce qu'elle fournit une méthode structurée pour expérimenter différents business models. C'est une manière de tester différents styles de travail et de trouver celui qui vous convient le mieux.

Puissance du prototypage

Expérimenter plusieurs modèles est particulièrement utile lorsque le contexte ou les circonstances changent. Et si votre manager génial était remplacé demain par un boss infernal ? Élaborer différents scénarios vous aide à passer rapidement à un modèle exploitable qui vous conduira là où vous voulez aller.

La matrice de votre business model personnel

Qui vous aide
(Partenaires clés)

Ce que vous faites
(Activités clés)

Vous et les moyens dont vous disposez
(Ressources clés)

Votre contribution
(Valeur apportée)

Comment vous interagissez
(Relations avec le client)

Comment vous diffusez votre offre
(Canaux)

Qui vous aidez
(Clients)

Ce que vous donnez *(Coûts)*

Ce que vous recevez *(Revenus et avantages)*

Sources d'inspiration

Nous utilisons tous les mêmes outils pour réinventer notre business model. Mais les processus – et les résultats – de chacun sont uniques.

Les dernières pages de ce chapitre sont consacrées à quatre témoignages de réinvention. Aussi différents de votre situation soient-ils, ils vous aideront à mieux comprendre la méthodologie BMY et tout ce qu'elle peut vous apporter.

1. Préparez une matrice.

2. Lisez les témoignages suivants et soyez particulièrement attentif à l'interdépendance des blocs.

3. Redessinez votre modèle.

Vous vous souvenez de la liste d'activités professionnelles des pages 12 et 13 ? Et si vous vous y reportiez pour voir si un témoignage concerne un métier proche du vôtre ?

194

ENJEU

CHOISIR VOS CANAUX

PROFIL

LA MUSICIENNE

Après une apparition réussie à la télévision à l'âge de 17 ans, la chanteuse Hind, qui habite Amsterdam, a signé un contrat avec le géant allemand BMG, vendu son premier album à 40 000 exemplaires et reçu l'Edison Award du meilleur espoir. Mais passé ces premiers succès, elle a été éclipsée par des stars plus connues de BMG, et il lui a fallu se battre pour promouvoir ses propres créations.

Au même moment, la popularité galopante de la musique téléchargeable fragilisait le modèle économique traditionnel de l'industrie musicale : c'en était terminé de la domination des maisons de disques sur les canaux de promotion et de diffusion de la musique.

Hind prit conscience que pour répondre à cette évolution – et avoir la liberté de faire les choses comme elle le voulait –, elle devait réinventer son business model. Elle soumit donc le bloc Canaux à un examen minutieux et sans concession. Comment ses fans la connaissaient-ils ? Sa musique était-elle achetée et diffusée comme eux, les fans, le préféraient ? La satisfaction de l'auditeur était-elle mesurée ?

Au terme de ce diagnostic, une décision s'imposa : Hind et son manager Eddie Tjon Fo allaient créer leur propre label, B-Hind, un nouveau modèle qui leur assurerait le contrôle total de la création, la promotion et la diffusion de la musique de Hind.

NOM HIND

Comparaison du nouveau modèle de Hind et du modèle traditionnel des maisons de disques

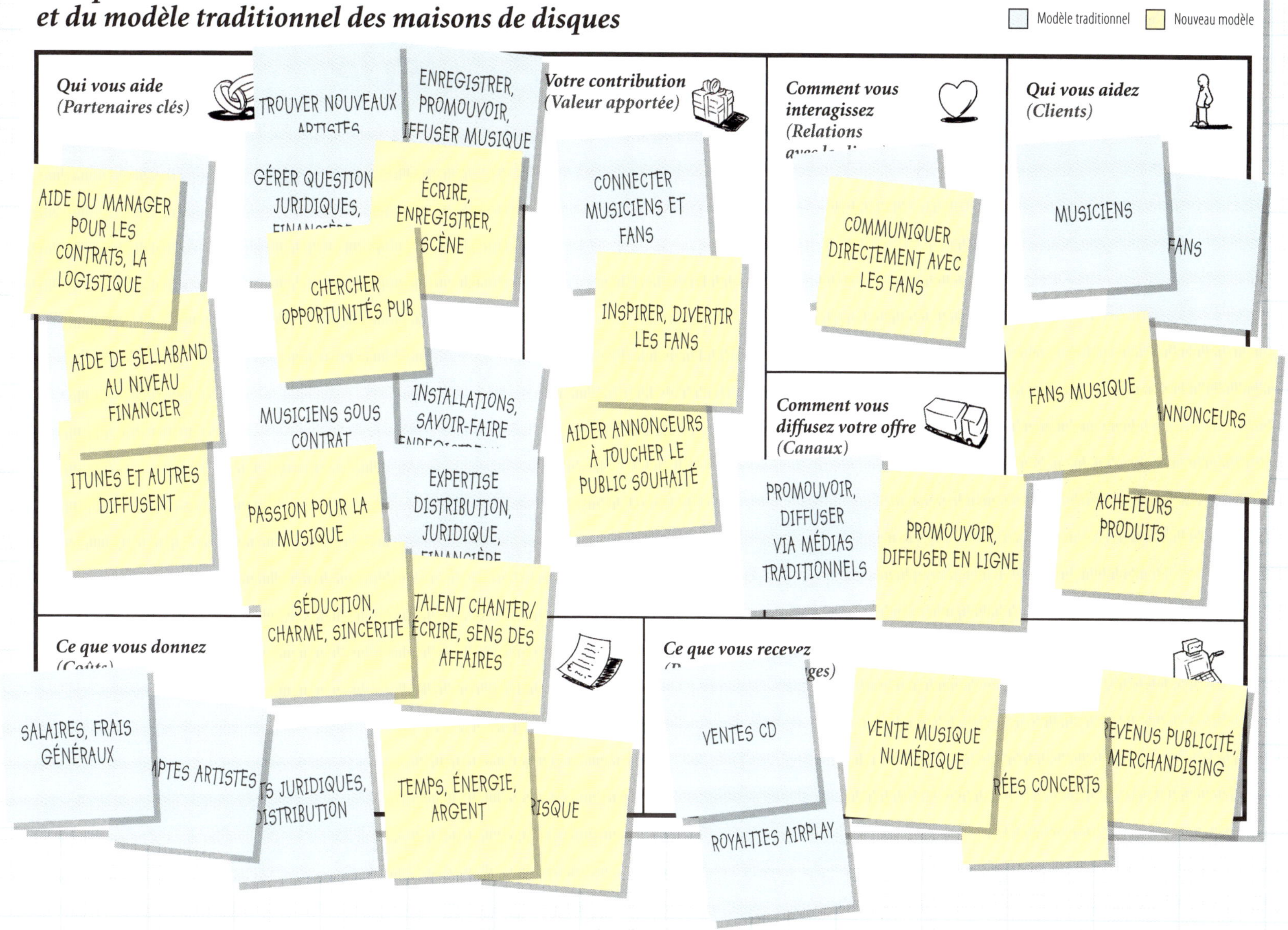

196

ENJEU

AIDER LES AUTRES, S'AIDER SOI-MÊME

PROFIL

LE BLOGUEUR

NOM **J.D. ROTH**

« Pendant des années, j'ai dépensé à tort et à travers, explique J.D. Roth. Mais lorsque mon épouse et moi avons acheté une vieille ferme, j'ai touché le fond. Je n'avais plus un sou. »

J.D. Roth, alors vendeur de boîtes en carton sur mesure, avait toujours été intéressé par le développement personnel et l'écriture. Fauché et endetté, il décida de se réinventer.

Il se plongea dans la littérature consacrée à la finance personnelle, lisant tout ce qu'il pouvait trouver sur le sujet, et synthétisa ce qu'il avait appris dans un billet de blog intitulé *Get Rich Slowly ! (Enrichissez-vous lentement !)*. Son article et sa détermination à mettre lui aussi en pratique ce qu'il avait appris firent mouche auprès des lecteurs. Un an plus tard, il passait à la vitesse supérieure et lançait un blog, toujours sous la bannière *Get Rich Slowly*. « Il ne m'était jamais venu à l'esprit qu'on pouvait gagner sa vie en bloguant, se souvient-il. Je me disais juste que j'aidais les autres. »

Mais ses revenus Internet augmentèrent et, bientôt, ils lui rapportèrent autant que son salaire. C'est alors qu'il mit en place son nouveau business model de blogueur professionnel, et quitta son emploi. « C'est la meilleure décision que j'aie jamais prise, déclare J.D. J'ai remboursé mes dettes, mis de l'argent de côté pour l'avenir et aidé mes semblables. »

Mais passer ses journées à bloguer et être en interaction permanente avec plus de 60 000 lecteurs n'est pas de tout repos. Lentement mais sûrement, J.D. prenait le chemin du *burnout*. La qualité de *Get Rich Slowly* commença à s'en ressentir. J.D. comprit que l'heure était venue de faire une nouvelle fois évoluer son business model. Il trouva un associé et engagea des rédacteurs afin de « piloter le navire sans être le seul membre d'équipage ». Cette évolution augmenta les coûts monétaires mais réduisit considérablement le stress de J.D. et ses heures de travail. Il profita de son temps libre pour écrire des articles pour des magazines, ce qui dopa ses revenus et sa satisfaction. Dans le même temps, le nombre d'abonnés de *Get Rich Slowly* continua d'augmenter. Aujourd'hui, J.D. dispose de davantage de temps pour ses amis et sa famille et il fait de longs voyages en Afrique, en Europe et ailleurs, réalisant ainsi un rêve de toujours.

« Nous avons tous en passant des idées sur ce que nous voudrions faire mais nous ne prenons jamais la peine de les noter, dit-il. Alors que quand on les met par écrit, elles sont là et bien là. La matrice vous aide à savoir pourquoi vous voulez faire telle ou telle chose et à mettre toutes vos forces derrière votre projet. »

Modèle v. 1.0 de J.D. : le vendeur de boîtes en carton

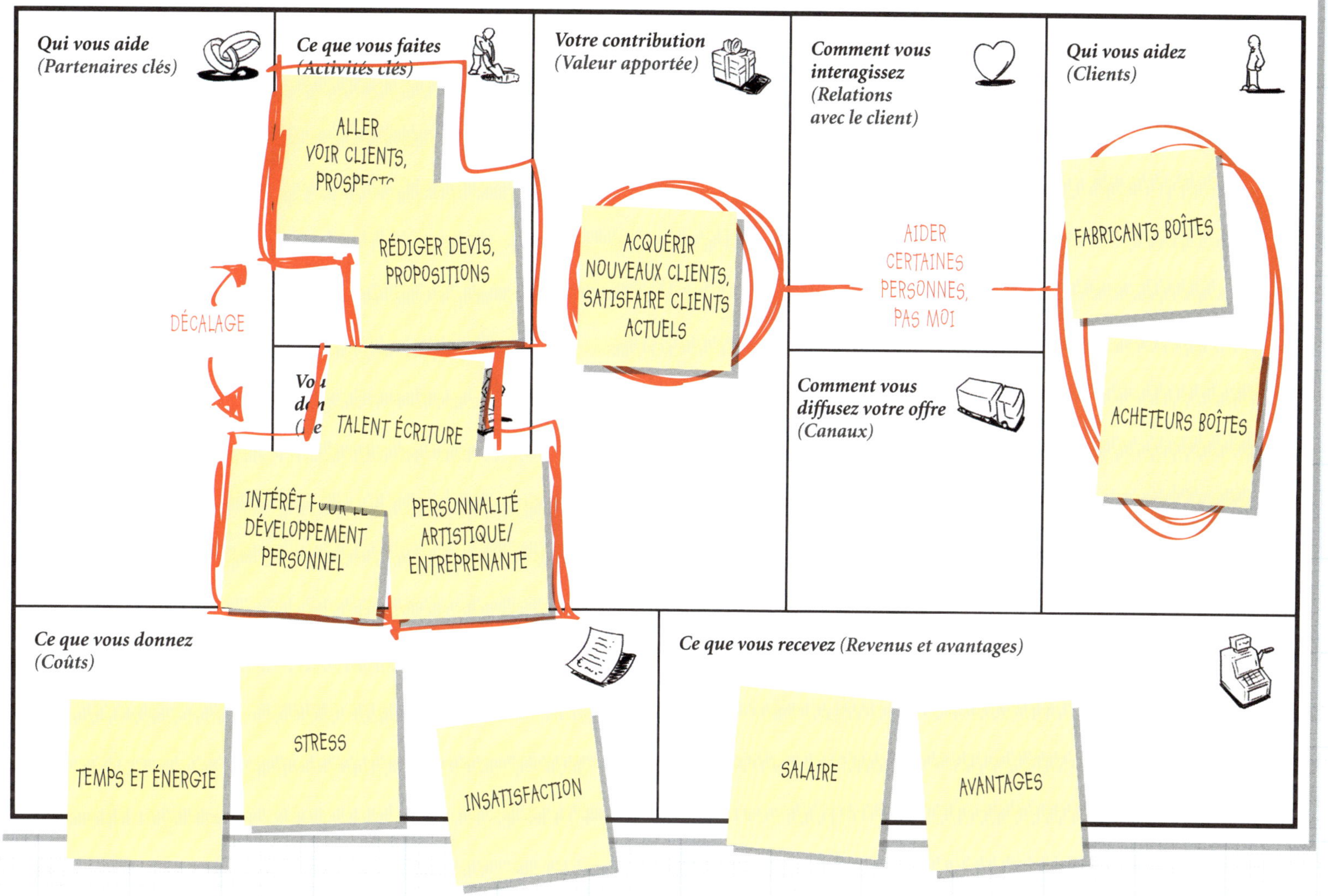

Modèle v. 2.0 de J.D. : le blogueur

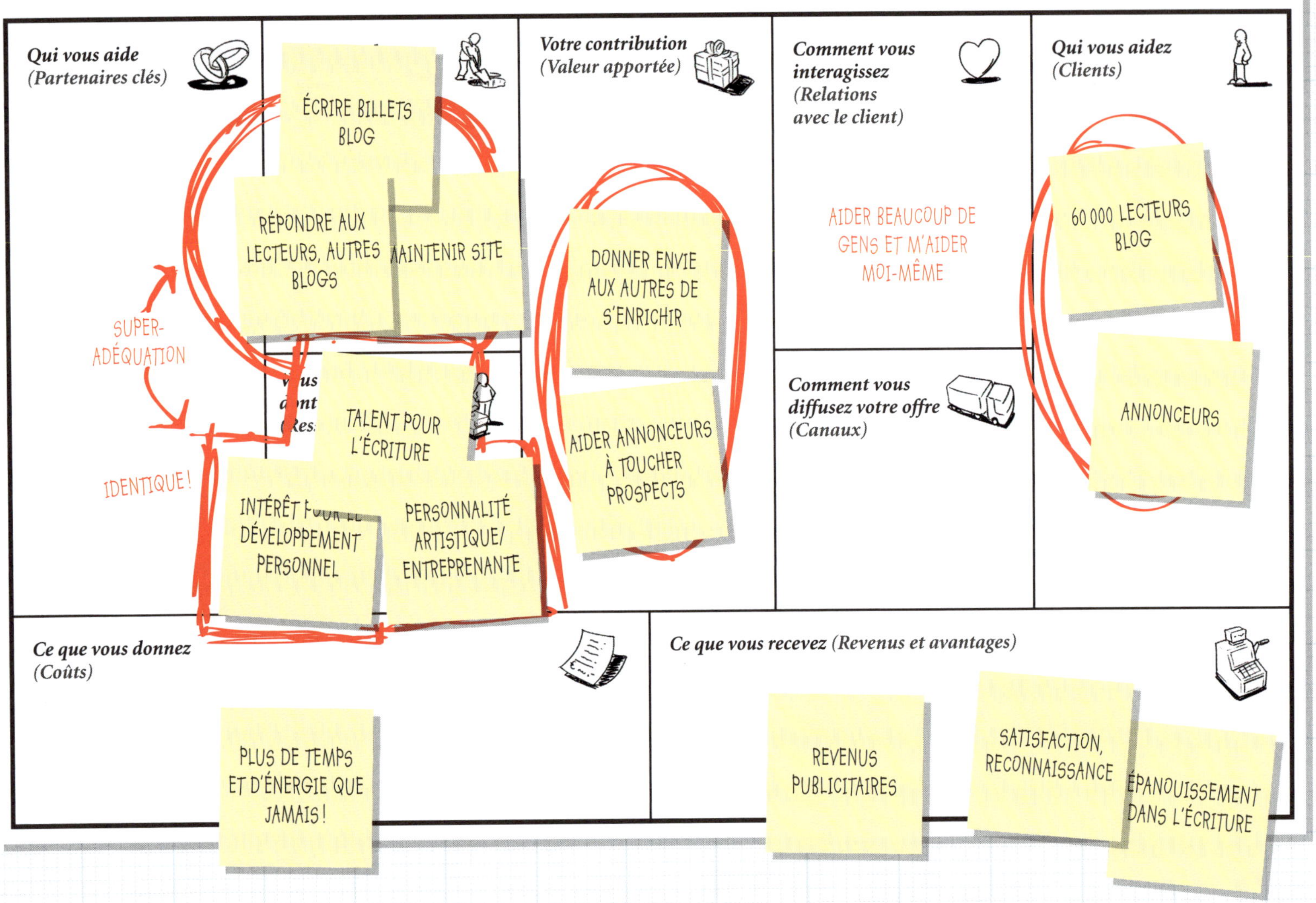

Modèle v. 2.1 de J.D. : le super blogueur

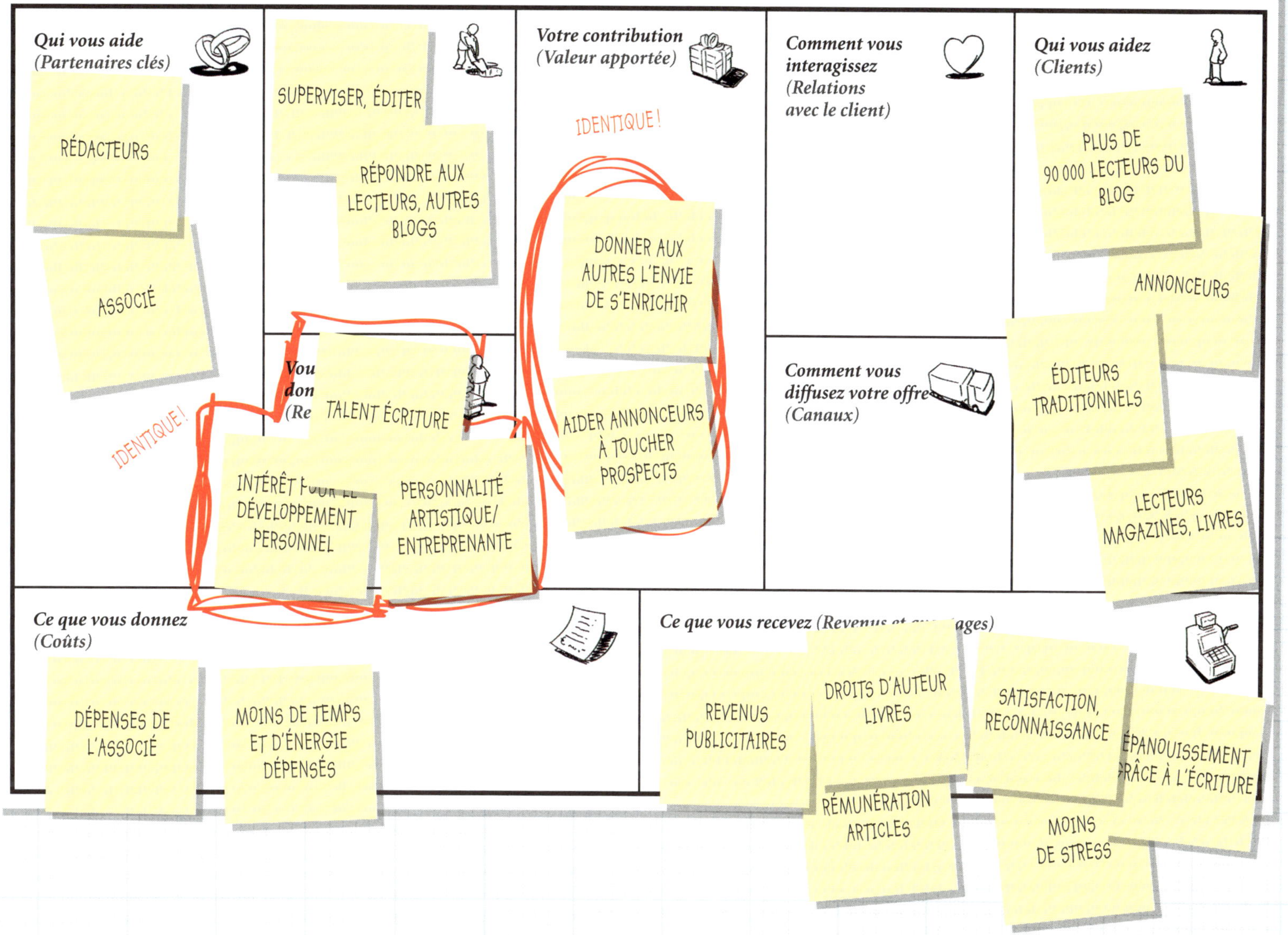

200

ENJEU

DÉCOUVRIR DES RESSOURCES CLÉS INEXPLOITÉES

PROFIL

LE PRÉSENTATEUR RADIO

Lorsque Maarten Bouwhuis a rejoint le service de production de Business News Radio, il n'aurait jamais imaginé devenir un jour lui-même une personnalité de la radio. Mais au bout de quelques mois, l'idée a commencé à faire son chemin : « Et pourquoi ne pourrais-je pas moi aussi être présentateur ? » Tel devint donc son objectif.

Maarten travailla dur pour améliorer sa voix, sa diction, la manière de conduire une interview. Et jusqu'à tout récemment encore, il considérait ces éléments comme des ressources clés de son business model.

Mais le salaire des animateurs radio est maigre et Maarten ne tarda pas à prendre conscience que ces ressources clés n'avaient qu'une valeur limitée. En revanche, grâce aux commentaires des auditeurs et de ses collègues, il découvrit que ces années de radio lui avaient valu de nouvelles compétences et, en particulier, la capacité de capter et d'analyser les tendances, et de les communiquer avec talent.

Maarten renonça donc à la radio pour devenir animateur de débats et de colloques pour des entreprises. Aujourd'hui, il lui arrive de gagner l'équivalent d'un mois de salaire de présentateur radio en une seule prestation.

« Ne limitez jamais votre définition de vos ressources clés à ce que vous étiez dans le passé, conseille Maarten. Votre business model est un projet en constant devenir. »

NOM MAARTEN BOUWHUIS

Le modèle étendu de Maarten

Éléments initiaux
Nouveaux éléments

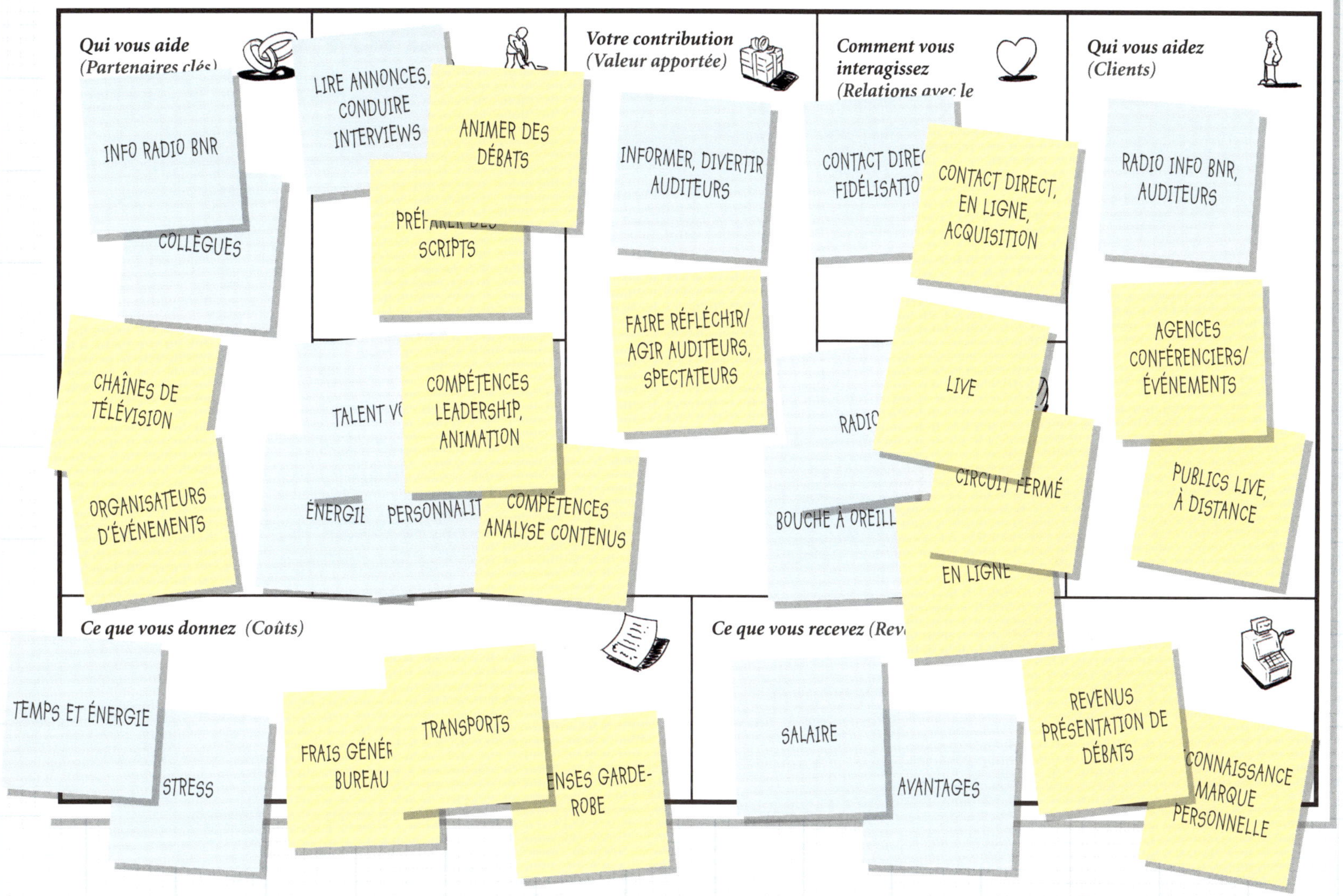

ENJEU

UNE AUTRE APPROCHE : LE BACKCASTING

PROFIL

LE LEADER D'ÉQUIPE

NOM **NATE LINLEY**

Ingénieur électricien, Nate dirigeait une équipe d'ingénieurs informaticiens dans une société de développement d'applications GPS. Son travail l'enthousiasmait de moins en moins mais il avait du mal à définir précisément ce qui n'allait pas. Il chercha donc de l'aide auprès d'un coach, Bruce Hazen, qui lui conseilla de « backcaster » : imaginer la carrière qu'il voudrait avoir, puis en définir les étapes jusque dans le présent.

Pour commencer, Hazen demanda à Nate de rédiger quatre scènes de court-métrage, chacune le mettant en scène avec deux collaborateurs en train de faire des choses sources de satisfaction pour lui – des activités correspondant au travail dont il rêvait.

L'exercice fut particulièrement révélateur : *dans toutes les scènes, Nate s'était donné un rôle de leader et de formateur d'équipe.* En outre, chaque scénario s'inscrivait dans un contexte différent ; Nate avait donné beaucoup plus de relief à ses personnages de leader d'équipe qu'aux secteurs d'activité.

Ensemble, Hazen et Nate « déconstruisirent » les activités présentes et passées de Nate. Ce qu'ils y découvrirent correspondait aux thèmes des scènes de film de Nate : il aimait vraiment former et gérer des équipes. Il aimait piloter les individus, les aider à envisager différemment leur travail et faciliter leur progression.

Les étapes du processus suivi par Nate

1. Représenté le modèle idéal de leader/manager.
2. Représenté le modèle de son rôle actuel de manager technologique.
3. Réécrit son histoire.
4. Pris conscience de la nécessité de trouver un client possédant une expertise du management et de la formation de leaders reconnue au niveau international.
5. S'est mis en quête de ce client.

Quelques mois plus tard, Nate rejoignait General Electric, une entreprise reconnue dans le monde entier pour l'excellence de ses programmes de management et de développement du leadership.

Le « backcasting » consiste à imaginer l'avenir dont on rêve, puis à définir à rebours les jalons qui vous y conduiront.

En voici les étapes :

- Imaginer et dessiner votre business model idéal.
- Dessiner la matrice de votre situation professionnelle actuelle.
- Identifier les écarts entre votre modèle actuel et votre modèle idéal.
- Bloc par bloc, définir les actions requises pour faire disparaître ces écarts.
- Déployer.

« Inventer des scénarios sur de possibles futurs aide à prendre conscience qu'on en est déjà peut-être tout proche. »
— Bruce Hazen

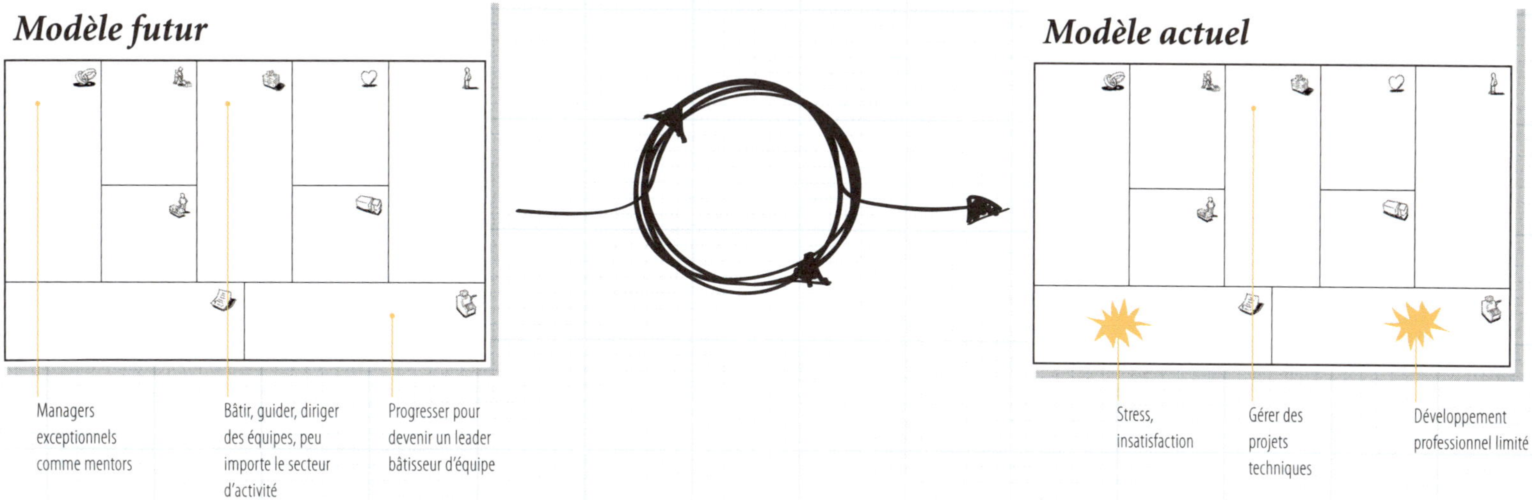

La véritable passion de Nate – et son futur business model – était bien éloignée de l'ingénierie et des logiciels, et tout entière tournée vers la construction et le leadership d'équipes…

… Il a donc réécrit son histoire pour y tenir le rôle d'un manager bâtisseur plutôt que celui d'un ingénieur qui manage.

VOS NOUVELLES HYPOTHÈSES

Alors, cette réflexion sur votre business model, comment l'avez-vous conduite jusqu'à présent ? Avec du papier et un crayon ?

Pour la plupart d'entre nous, la réponse est oui. Mais souvenez-vous qu'un business model entièrement conçu sur le papier n'est qu'une *hypothèse* – il se peut qu'il contienne des suppositions qui n'ont pas été testées.

Les scientifiques et les entrepreneurs testent les hypothèses en créant des prototypes et en conduisant des expériences.

Nous devons faire de même. Dans les chapitres suivants, vous allez donc apprendre à communiquer votre but, recueillir du feedback pour améliorer votre modèle, identifier et analyser les clients potentiels, et mettre à exécution votre nouveau business model.

Commençons par nous intéresser à votre « valeur professionnelle » pour les clients. C'est un excellent moyen de comprendre comment ils choisissent avec qui ils travaillent – et fixent salaires et rémunérations.

Action

Donner vie à votre nouveau business model.

CHAPITRE 8
Calculer votre valeur économique

Lire entre les lignes de votre salaire

Comme nous l'avons appris au chapitre 1, toutes les organisations ont besoin d'un modèle économique viable, où « viable » signifie *qu'il rentre plus d'argent dans les caisses qu'il n'en sort* (ou, à tout le moins, *qu'il rentre autant d'argent qu'il n'en sort*). C'est vrai pour toutes les entreprises et tous les individus, ou presque. Ce chapitre va vous aider à comprendre comment les clients potentiels évaluent votre offre.

Pour suivre leurs résultats, les entreprises utilisent un compte de résultat, une liste de postes de recettes et de dépenses. Le compte de résultat aide les entreprises à comprendre leur activité – et à rester viables.

Les individus ont rarement recours à un compte de résultat en tant que tel, mais ils utilisent généralement des outils similaires. Par exemple, nous faisons nos comptes, nous pointons les chèques encaissés pour connaître le solde dont nous disposons en banque et nous utilisons des budgets où nous enregistrons les factures et paiements correspondants.

Pour commencer, partons à la découverte du compte de résultat à travers l'exemple d'une salariée. Nous verrons ensuite comment les mêmes concepts s'appliquent aux entreprises.

Les revenus d'Emily

Emily travaille pour Giant Shoe Company. Elle est analyste logistique et gagne environ 4 000 dollars par mois. Après avoir payé ses factures, elle peut mettre de côté 450 dollars chaque mois, qu'elle place en produits monétaires[27].

Amis lecteurs, nous serons sans doute tous d'accord pour considérer que 450 dollars de profit par mois, ce n'est pas le Pérou !

Si la somme paraît modeste, elle correspond techniquement à un bénéfice de plus de 11 % (450 divisé par 4 000). Peu d'entreprises sont en mesure de mettre de côté 11 % de leurs revenus. Et donc, croyez-le si vous le voulez, en pourcentage, Emily est plus rentable que la plupart des grandes entreprises !

Mais « profit » est un terme malheureux. Pour beaucoup, il évoque des vendeurs de voitures d'occasion embobinant des acheteurs inexpérimentés avec des épaves hors de prix, ou des requins de Wall Street écoulant des valeurs toxiques.

Profits et bénéfices

Tenons-nous en donc à la définition la plus simple du bénéfice : c'est la différence entre l'argent qui rentre et l'argent qui sort. Le bénéfice d'Emily est ce qu'elle met légitimement de côté en échange de son travail et du respect des règles ; c'est ce qu'elle gagne en servant correctement ses clients. Il est important de générer des bénéfices. Autrement, comment Emily pourrait-elle économiser pour sa retraite ou les études de ses enfants ?

De même, sans bénéfices, comment une entreprise pourrait-elle investir dans de nouvelles usines ou embaucher des collaborateurs supplémentaires ?

Créer juste ce qu'il faut de revenus pour payer les dépenses sans rien pouvoir mettre de côté (le point mort, ou seuil de rentabilité, en langage des affaires) n'est pas la meilleure voie à suivre pour les individus ou les organisations qui aspirent à un peu plus que la simple survie.

« Profits » et « bénéfices » signifient la même chose. Mais « bénéfices » est un terme plus approprié. Nonobstant les scandales financiers qui ont secoué les États-Unis à la fin des années 2000, l'écrasante majorité des entreprises travaillent dur pour générer des bénéfices modestes, exactement comme Emily. Les bénéfices sont soit distribués aux propriétaires, soit réinvestis dans l'activité, soit utilisés pour rembourser des emprunts.

Mais, avancerez-vous, comparer une salariée à une grande entreprise, n'est-ce pas aller un peu loin ? En tant qu'individus, beaucoup d'entre nous considèrent effectivement obéir à des principes et des objectifs qui n'ont pas grand-chose à voir avec les pratiques des entreprises.

En un sens, c'est vrai. Individus et entreprises sont deux choses différentes. Néanmoins, en tant que salariés, prestataires ou entrepreneurs qui « vendons » nos services à des clients, il n'est pas inutile d'établir le parallèle pour réfléchir à nos relations professionnelles.

Toute l'idée de ce livre tient précisément dans cette analogie : envisager chaque individu comme une entreprise d'une personne – une entreprise qui génère des bénéfices, pour l'organisation où elle travaille et pour elle-même.

Donc !

Plongeons-nous dans les arcanes des bénéfices. Bref : l'heure est venue de faire un peu de maths ! Croyez-nous, vos efforts seront amplement récompensés.

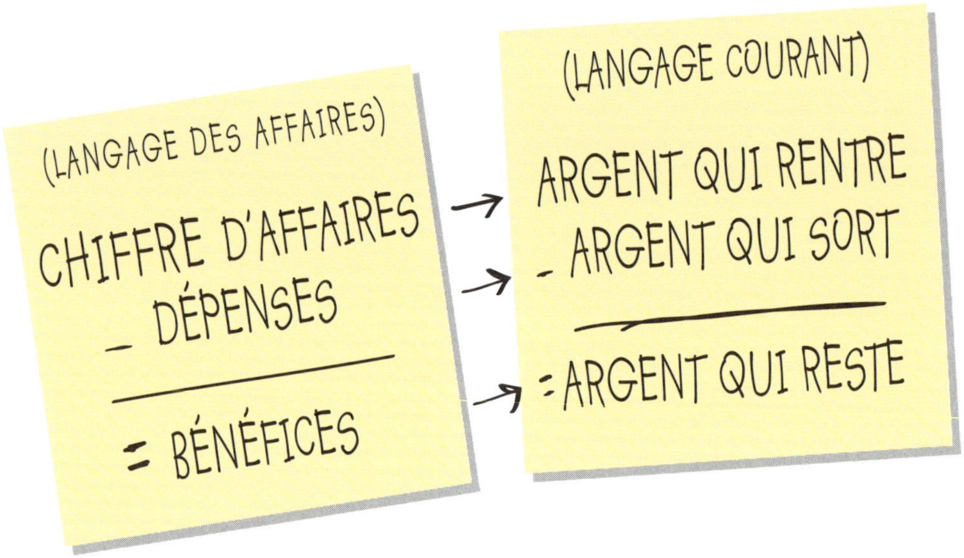

Le compte de résultat

Un compte de résultat est divisé en trois parties, du haut vers le bas : (1) l'argent qui rentre, (2) l'argent qui sort et (3) l'argent qui reste. Dans le monde de l'entreprise, on parle de chiffre d'affaires, de dépenses et de bénéfices.

Enfantin, non ?

Les entreprises établissent un compte de résultat au moins une fois par an pour :

- **Décrire leurs résultats.**
- **Identifier les coûts excessifs.**
- **Analyser l'augmentation ou la baisse de leur chiffre d'affaires au cours du temps.**

Les comptes de résultat des entreprises sont plus complexes que celui d'Emily parce qu'ils comportent des catégories additionnelles de dépenses, provisions pour impôts et autres éléments dont nous pouvons sans dommage nous passer pour travailler sur nos business models à nous. L'équation de base est la même :

Chiffre d'affaires
– Dépenses
= Bénéfices

Le tableau ci-contre vous montre en quoi la logique du compte de résultat est pertinente pour toute organisation quelle qu'elle soit – association, entreprise privée aussi bien qu'administration publique.

Comment les entreprises utilisent l'argent

	Secteur privé	Secteur public	Organisations à but non lucratif
Argent qui rentre 	Ventes de biens ou de services (chiffre d'affaires) Honoraires Intérêts Redevances, etc.	Impôts Cessions d'obligations Ventes de certains biens immobiliers ou services	Dons Cadeaux Subventions Ventes de produits ou services (souvent limitées par la loi)
Argent qui sort 	Coûts des produits ou services vendus Salaires Loyers Eau, électricité, etc.	Services publics : éducation, santé, défense, etc. Infrastructures Paiements des intérêts sur les obligations émises Rémunérations, retraites, etc., des employés du secteur public	Coûts des programmes Salaires Loyers Eau, électricité, etc.
Argent qui reste 	Bénéfices distribués aux propriétaires ou réinvestis dans l'entreprise	Amortir les obligations (payer le montant investi au départ par les détenteurs d'obligations) Investir dans de nouvelles infrastructures ou services publics	Investir dans des programmes, des installations ou le recrutement de nouveaux collaborateurs (généralement, les organisations à but non lucratif ne sont pas autorisées à distribuer les fonds qui leur restent aux fondateurs ou parties prenantes)

Ce que signifie réellement le salaire net

Intéressons-nous au compte de résultat d'Emily, présenté ci-dessous. Vous remarquerez que son salaire net (2 880 dollars) est nettement inférieur à son salaire brut (4 000 dollars). La différence de 1 120 dollars correspond aux charges payées par l'entreprise, notamment les cotisations sociales, et aux autres retenues à la source.

D'une certaine manière, ces déductions de 1 120 dollars sur le salaire d'Emily correspondent à un « coût des revenus » – une dépense qu'Emily doit payer au titre de salariée et de citoyenne (en tant que salariée, elle bénéficie d'une couverture sociale et d'une assurance retraite, et en tant que citoyenne, elle bénéficie de la protection de la police et des pompiers, d'une éducation gratuite pour ses enfants et de nombreux autres avantages).

Naturellement, Emily aimerait que son salaire net soit le plus élevé possible. Mais en l'occurrence, elle n'a guère le choix : si elle veut gagner sa vie en tant que salariée (et rester en bons termes avec le Trésor public), elle doit accepter les prélèvements en question. Le coût de ses revenus, pour ainsi dire, s'élève donc à 28 % de son salaire.

Découvrons maintenant ce que signifie réellement le salaire net.

Emily, nous l'avons dit, paye *toutes* ses dépenses courantes avec son salaire net de 2 880 dollars – et non avec son salaire brut de 4 000 dollars.

C'est une évidence, certes, mais dont les implications sont essentielles pour comprendre la logique des entreprises (et la façon dont votre salaire est fixé). En effet : comme Emily, les entreprises doivent payer leurs dépenses avec leur « salaire net » – ce qu'il reste après déduction des coûts qui *doivent* être encourus pour produire leur revenu.

Pour bien comprendre, examinons comment Giant Shoe Company crée son « salaire net ».

Compte de résultat mensuel d'Emily

Salaire (dollars)	4 000
Retenues sur salaire	1 120
Salaire net	2 880
Dépenses	
Logement	725
Alimentation	600
Soins médicaux	125
Voiture	200
Eau, gaz, électricité	175
Autres	605
« Bénéfice »	**450**

energy smart
40
10
GENERAL PURPOSE
energy smart
SMALLER SIZE!
$36
Giant Shoe Company
Emily Doe
two thousand, eight hundred and eighty
august salary
Canada Trust
$ 2,880.00
Your current bill
Total:
$79.33
TAKE YOUR BAG FOR A
ELIMINATE
CALCULATING YOUR BALANCE
NEW BALANCE
$101.49

Une découverte étonnante

Giant Shoe Company commence par acheter les matières premières nécessaires pour fabriquer les chaussures à un coût de 3 dollars environ la paire.

Ensuite, l'entreprise transforme les matières premières en paires de chaussures à un coût d'environ 4 dollars la paire.

Puis, elle livre les chaussures aux boutiques. Disons que cela lui coûte environ 1,50 dollar la paire.

Le coût total pour fabriquer et acheminer les chaussures là où elles pourront être vendues au consommateur s'élève à 8,50 dollars la paire. Les boutiques achètent les chaussures à Giant Shoe 22,50 dollars la paire. Giant Shoe gagne donc 14 dollars par paire de chaussures vendue.

On appelle ces 14 dollars la « marge brute » ou la « marge », parce que c'est ce que gagne Giant Shoe après déduction des coûts de fabrication et de transport. D'une certaine manière, c'est le « salaire net » de Giant Shoe : 62,2 % de son chiffre d'affaires. (Les boutiques vendront quant à elles les chaussures aux clients au prix de 39,95 dollars la paire – mais c'est une autre histoire.)

Giant Shoe utilise ensuite sa marge brute (son « salaire net ») de 14 dollars pour couvrir différentes dépenses.

Si l'entreprise fait correctement les choses et qu'elle écoule toute sa marchandise, comme Emily, elle dégagera des bénéfices, un excédent.

Voici le point essentiel dont il faut se souvenir : Giant Shoe Company paye tous les salaires ainsi que ses autres dépenses avec sa marge brute, son « salaire net ».

Par conséquent, pour payer la dépense de 4 000 dollars que représente le salaire d'Emily, Giant Shoe doit générer 4 000 dollars de plus en salaire net (marge brute), nous sommes bien d'accord ?

Parce que l'entreprise ne conserve que 62 % environ du chiffre d'affaires qu'elle réalise auprès des boutiques, pour dégager 4 000 dollars en marge brute, elle doit en fait générer un chiffre d'affaires de 6 429 dollars (62,2 % de 6 429 dollars font 4 000 dollars).

Pour calculer le montant du chiffre d'affaires nécessaire pour couvrir une dépense supplémentaire – un salaire par exemple –, il suffit de diviser le montant de la dépense par le pourcentage de marge brute (4 000 divisé par 0,622 égale 6 429 dollars).

Giant Shoe Company
NAME NOM
SALAIRES
No.
DÉPENSES DE PRODUC-
TION ET DE TRANSPORT
NAME NOM
CHIFFRE D'AFFAIRES

Calculer votre valeur

Imaginons que vous vouliez travailler chez Giant Shoe pour un salaire mensuel de 4 000 dollars. En fonction des conditions auxquelles vous avez été recruté et de votre statut, Giant Shoe devra débourser davantage que votre salaire, de l'ordre de 17 à 50 % de celui-ci en plus, au titre de la couverture sociale, de l'assurance retraite, de l'assurance chômage, etc. Admettons que ce soit 25 % dans le cas de Giant Shoe. Cela signifie que la somme nécessaire pour payer votre salaire chaque mois s'élève à 5 000 dollars.

Comment obtient-on ce chiffre ?

1. **L'entreprise doit avoir 4 000 dollars pour vous rémunérer.**
2. **Elle doit avoir 25 % de 4 000 dollars, soit 1 000 dollars, pour payer les cotisations sociales et autres coûts mentionnés ci-dessus.**
3. **4 000 + 1 000 = 5 000 $.**

Souvenez-vous que 5 000 $ est juste la somme que Giant Shoe doit avoir en mains chaque mois pour vous payer.
Cela ne reflète pas la quantité de ventes que l'entreprise doit effectuer pour compenser votre salaire.

Comme le montre le dessin de la page 219, pour vous verser un salaire de 4 000 dollars, l'entreprise doit vendre pour plus de deux fois ce montant en chaussures.

Que nous enseigne ce dessin ?

Premièrement, pour payer votre salaire, l'entreprise doit générer beaucoup plus d'argent que vous n'en toucherez.

Deuxièmement, *tout l'argent utilisé pour vous payer provient en dernier ressort des clients, non de l'entreprise.*

Vous embaucher implique que Giant Shoe vende chaque mois pour 8 036 dollars supplémentaires de chaussures pour financer votre salaire.

Alors, comment allez-vous aider l'entreprise à faire rentrer cet argent ?

C'est un des secrets de l'esprit business model : *ce que vaut un collaborateur est fonction de la valeur qu'il ou elle apporte aux clients.*

Pour décider si elle va vous embaucher ou non, une entreprise se demande si la valeur que vous pouvez offrir aux clients est supérieure à la dépense que représente votre salaire.

Comment les employés sont payés… par les clients

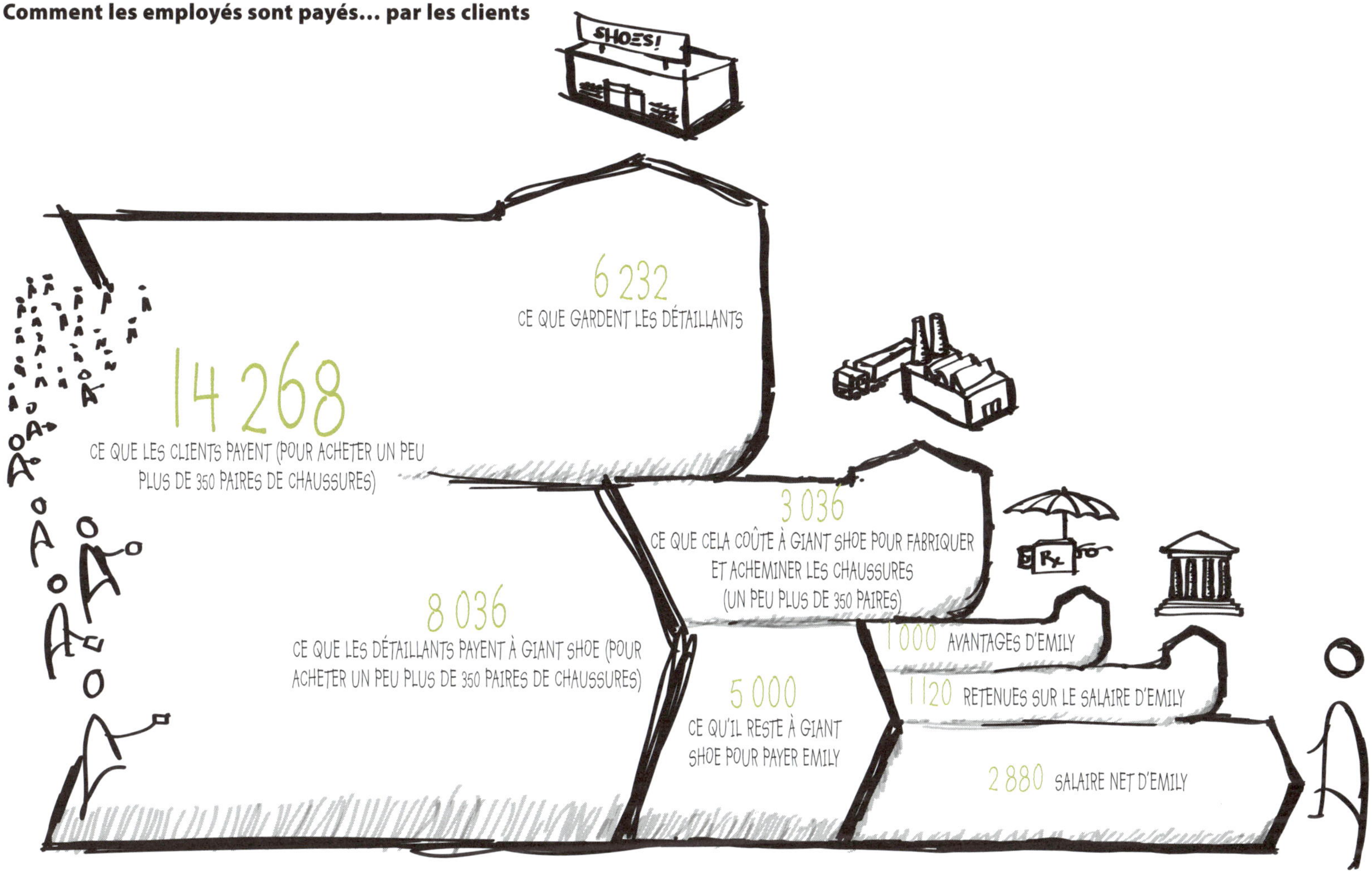

Calculer votre « prix »

Beaucoup d'entreprises n'ont pas une marge brute aussi élevée que celle de Giant Shoe. Supposons que vous travailliez pour une entreprise dont la marge est de 40 %.

Q : Combien de ventes additionnelles l'entreprise doit-elle réaliser pour vous payer un salaire mensuel de 4 000 dollars, sachant que les avantages représentent 25 % du salaire ?

Salaire net + Avantages

= Salaire « chargé » ÷ Pourcentage de marge brute

= Chiffre d'affaires supplémentaire requis

R : Pour payer un collaborateur 4 000 dollars par mois, votre entreprise devrait générer un chiffre d'affaires supplémentaire de 12 500 dollars chaque mois (4 000 fois 1,25 divisé par 0,40).

Pourquoi tout est siii… cher

De nombreuses entreprises partent de l'hypothèse que, quel que soit le salaire du collaborateur, elles doivent réaliser le double de ce montant en chiffre d'affaires supplémentaire.

Ainsi, pour couvrir le coût total d'un collaborateur qui gagne 48 000 dollars par an, l'entreprise doit générer un chiffre d'affaires de 96 000 dollars.

Selon le secteur d'activité et/ou le pourcentage de marge brute, la règle pour certaines entreprises est même de *trois fois* le salaire annuel.

Quand on songe à ce que cela coûte à une entreprise de fonctionner – et qu'on sait comment elle fixe ses prix –, on comprend mieux pourquoi tout est si cher.

Faut-il alors s'étonner que les entreprises cherchent sans relâche, de manière obsessionnelle, à augmenter leurs marges brutes ?

Votre valeur pour une entreprise

Pour dire les choses abruptement, si vous pensez que vous « valez » un salaire annuel de 60 000 dollars, fourbissez vos arguments pour expliquer comment votre embauche rapportera tous les ans à l'entreprise 120 000 à 180 000 dollars de chiffre d'affaires supplémentaire, qu'il neige ou qu'il vente.

Naturellement, la valeur d'un individu ne se mesure jamais seulement en termes monétaires. Mais les employeurs doivent prendre des décisions de recrutement en mettant en balance la valeur que vous apportez aux clients et ce que cela coûte de vous employer. C'est une des raisons pour lesquelles entreprises et individus doivent comprendre les modèles économiques.

À ce stade, vous devriez avoir une idée assez précise de (1) comment les clients déterminent votre valeur pour leur organisation et (2) comment définir le salaire ou les honoraires auxquels vous voulez prétendre. Réfléchissez bien à ces questions parce que le moment est venu de tester votre business model en conditions réelles.

GLOSSAIRE

Revenu
Argent qui rentre.

Dépenses
Argent qui sort.

Bénéfices
Ce qui reste après avoir soustrait l'argent qui sort de l'argent qui rentre ; même chose que le profit.

Compte de résultat
Synthèse des revenus et dépenses d'une entité sur une certaine période, généralement trois mois ou un an.

Chiffre d'affaires
Argent généré par la vente de produits ou de services.

Recettes
Chiffre d'affaires augmenté des intérêts, loyers, redevances et autres revenus passifs.

Marge brute ou marge
Chiffre d'affaires diminué du coût des produits ou services vendus (la marge est généralement exprimée en pourcentage du chiffre d'affaires).

Coût de revient
Coût direct pour le vendeur des biens ou services vendus.

Seuil de rentabilité
Lorsque l'argent qui rentre est égal à l'argent qui sort.

Coût (salaire) chargé
Le coût total du salaire d'un employé, y compris les cotisations sociales, cotisations retraite et autres contributions obligatoires, en plus du salaire lui-même.

CHAPITRE 9
Tester votre modèle sur le marché

ENJEU

CYD TESTE SON MODÈLE

PROFIL

LA COORDINATRICE DU RECYCLAGE

NOM CYD CANNIZZARO

Cyd Cannizzaro avait enfin défini son but : aider les autres à apprendre à recycler et gérer les ordures en respectant l'environnement.

Pendant des années, elle avait eu de longues discussions passionnées sur la gestion des déchets ménagers et le recyclage avec une amie qui partageait son intérêt pour l'écologie – sans y voir autre chose qu'un centre d'intérêt. Mais lorsque Cyd perdit son emploi de formatrice, elle décida que « parler d'ordures » serait bien davantage qu'un centre d'intérêt : une vocation. Elle fit le vœu de trouver un travail qui lui permettrait d'enseigner le recyclage à d'autres – « un travail utile », disait-elle.

Sans perdre de temps, Cyd testa l'idée de son nouveau business model.

N'ayant pas trouvé de **clients** disposés à payer pour des services de formation au recyclage, elle revit son projet et accepta un emploi au rayon traiteur d'un magasin bio de son quartier pour parfaire ses connaissances dans le domaine du traitement responsable des déchets.

Parce qu'elle n'était affiliée à aucune organisation de recyclage, elle créa une carte de visite mémorable qui définissait son **but**.

Pour se familiariser avec les pratiques du secteur du recyclage, elle commença à assister à des conventions sur les produits écologiques, des forums sur le traitement des déchets ménagers et aux rencontres d'associations de quartier.

Progressivement, Cyd **ajusta son modèle** en réponse aux réactions des professionnels du secteur qu'elle rencontrait et accepta des projets plus proches de son but. Un jour, son message trouva un écho auprès d'un groupe de réflexion municipal sur le développement durable.

Aujourd'hui, Cyd Cannizzaro travaille à plein temps comme coordinatrice du recyclage d'une ville proche de son domicile.

Votre modèle est-il en phase avec la réalité des clients ?

Si, comme Cyd, vous envisagez un changement professionnel radical, il est important de tester les conditions requises et la viabilité de votre modèle. Sur le papier, votre business model comporte un certain nombre d'hypothèses non vérifiées : *c'est une proposition expérimentale pour aider les autres tout en faisant des choses positives pour vous-même.*

Tester un modèle, c'est trouver le(s) client(s) qui vous intéresse(nt), discuter avec lui (eux) de votre projet et le(s) convaincre de vous faire confiance. La meilleure façon de tester votre modèle est d'utiliser les mêmes méthodes que celles utilisées par les entrepreneurs expérimentés pour tester de nouveaux modèles économiques de produits ou de services : en discutant avec les clients potentiels.

Nous recommandons d'adapter le processus développé par l'entrepreneur en série Steven Blank pour comprendre ce que les clients ont besoin et envie d'acheter. Utiliser ce processus objectif, reproductible, est d'autant plus important que de nombreuses entreprises (et de nombreux entrepreneurs en situation d'échec) se concentrent sur le développement et la vente de services ou de produits avant d'avoir acquis une compréhension et une connaissance suffisantes des clients[28].

Par exemple, ne pas s'être demandé si les consommateurs voulaient réellement un système de téléphonie mobile mondial par satellite a coûté à Motorola 5 milliards de dollars (oui, milliards) – ce que l'entreprise avait investi dans le développement et le lancement de son service Iridium. De même, le cigarettier R.J. Reynolds a perdu 450 millions de dollars avec ses cigarettes sans fumée Premier et Eclipse : les non-fumeurs adoraient l'idée, mais les clients (les fumeurs !) s'en moquaient totalement.

Les entrepreneurs avisés testent et évaluent minutieusement leurs modèles économiques avant de les mettre à exécution. Nous avons tout intérêt à suivre leur exemple et à valider nous aussi nos business models.

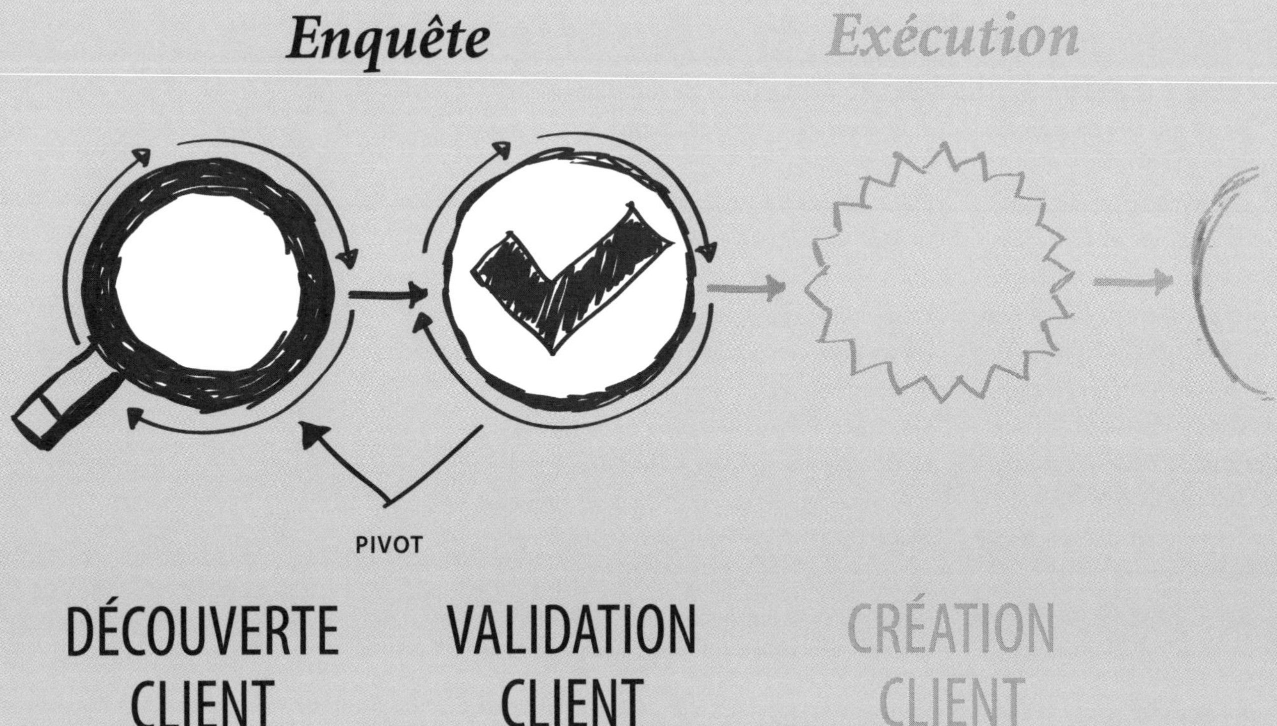
Enquête
Exécution
PIVOT
DÉCOUVERTE CLIENT
VALIDATION CLIENT
CRÉATION CLIENT

Comment tester un business model

Partez à la rencontre de clients potentiels pour tester les hypothèses contenues dans les blocs de la matrice de votre business model. Si les réactions des clients indiquent que des changements sont nécessaires, reprenez votre matrice et modifiez les blocs qui doivent l'être (on appelle cela « pivoter »). Répétez le processus avec d'autres clients potentiels.

Lorsque votre modèle vous paraît correct, essayez de le valider en le « vendant » à un client. Si vous essuyez un refus, pivotez à nouveau et modifiez votre modèle en tenant compte des raisons invoquées. Un client « achète » lorsqu'il vous embauche dans son équipe comme salarié ou qu'il retient vos services pour une mission donnée. À vous alors, en tant qu'entrepreneur, de conquérir d'autres clients.

Dehors !

La première chose à faire pour découvrir des clients est de partir en exploration, « aller faire un tour », comme l'exprime Steve Blank. Les spécialistes de la gestion de carrière parlent quant à eux de « réseautage ». Ils veulent dire la même chose : contacter et rencontrer des clients potentiels, des spécialistes ou des personnes susceptibles de vous présenter à des clients potentiels ou à des spécialistes – et découvrir si votre modèle est réalisable.

Souvenez-vous : les blocs de votre modèle contiennent de multiples hypothèses. Chaque bloc doit donc être testé auprès de clients potentiels. Par exemple :

- Les clients considèrent-ils que vous possédez les ressources clés et/ou les partenaires clés nécessaires pour apporter la valeur promise ? Les activités clés contribuent-elles à la valeur apportée ?
- La tâche que vous envisagez d'aider les clients à accomplir est-elle importante pour eux ? Sont-ils disposés à rémunérer votre contribution selon les termes indiqués dans le bloc Revenus de votre modèle ? (Dans un premier temps, Cyd n'a pas trouvé de clients prêts à le faire.)

- Pouvez-vous supporter les coûts nécessaires au déploiement de votre modèle ?
- Par quels canaux les clients veulent-ils être contactés et servis ? Le type et les modalités de relations que vous proposez sont-ils adéquats ?

Le seul moyen de répondre à ces questions est d'aller à la rencontre de vos clients potentiels, là où ils vivent et là où ils travaillent.

« Toutes les grandes choses qui surviennent dans votre carrière commencent toujours par quelqu'un que vous connaissez. Inutile de surfer sur le web. Votre prochaine grande aventure ne viendra pas d'une technologie mystérieuse ou de la découverte de nouvelles informations. Elle viendra de quelqu'un que vous connaissez. Alors, allez, faites-vous des connaissances. » — Derek Sivers

La clé de cette phase d'exploration et de découverte du marché est de ne surtout pas « vendre ». Réunions et rendez-vous doivent être consacrés à la validation des hypothèses de votre business model à partir du point de vue du client. Comme le dit Blank, n'essayez pas de convaincre les clients qu'ils ont les problèmes ou les opportunités que vous pensez qu'ils ont !

Dans un premier temps, concentrez-vous sur les contacts amicaux : famille, amis, voisins, collègues, membres d'associations professionnelles, etc. Expliquez-leur que vous êtes en train de réinventer votre carrière autour de nouveaux objectifs.

Demandez-leur s'ils connaissent quelqu'un que vos objectifs pourraient intéresser d'un point de vue professionnel. Collectez autant de noms et de coordonnées que possible.

Ensuite, **prenez contact avec les personnes qu'on vous a recommandées**. Le principe est de contacter les gens par l'entremise de relations : amis, famille, connaissances de connaissances. Évitez d'appeler des personnes auprès de qui vous n'avez pas d'introduction.

La plupart des professionnels sont heureux de discuter avec d'autres professionnels de sujets qui les intéressent.

Alors, allez-y, décrochez votre téléphone et prenez rendez-vous. Si votre interlocuteur hésite ou vous demande des précisions, **montrez-lui ce qu'il a à gagner à vous rencontrer** :

Je pensais que vous pourriez m'éclairer sur ce sujet et, en échange, je serais heureux de vous livrer quelques idées originales et mon point de vue sur l'avenir de la logistique durable. Auriez-vous un moment en fin de journée mardi ou mercredi prochain ?

S'il accepte, fixez le rendez-vous. Autrement, demandez-lui de vous indiquer quelqu'un que vous pourriez contacter de sa part, remerciez-le de vous avoir écouté et poursuivez votre route.

Voilà, ce n'est pas plus compliqué que cela. Pour nombre d'entre nous, ce type de démarche est un véritable supplice. Mais croyez-nous : *si vous passez dix coups de téléphone comme celui-ci, des choses se produiront.*

Vous appelez un contact pour la première fois ?

Inspirez profondément, décrochez le téléphone et essayez quelque chose dans ce style :

Bonjour, Marie-Hélène, c'est Emily Martin à l'appareil. Je vous appelle sur les conseils de Françoise Cloarec. Je travaille dans la logistique et je voudrais mettre en place des pratiques plus écologiques dans l'entreprise. J'ai cru comprendre que vous connaissiez très bien le sujet et j'aimerais en savoir un peu plus sur ce que vous avez fait dans ce domaine chez En avant la musique. Auriez-vous vingt minutes à m'accorder la semaine prochaine pour que nous prenions un café, mardi ou mercredi en fin d'après-midi, par exemple ?

Soufflez. Détendez-vous. Attendez la réponse. Si votre discours était sincère, il y a de grandes chances qu'elle soit positive.

Aller plus loin

Voici quelques exemples d'entrée en matière pour lancer la discussion et vous aider à commencer à cerner le modèle économique de votre interlocuteur ou celui de son entreprise :

« Racontez-moi comment vous vous êtes lancé dans ___________ et ce qui vous a conduit à travailler chez ___________ »

« Que faites-vous actuellement pour atteindre vos objectifs de ___________ ? »

« Qui partage les mêmes problèmes et les mêmes inquiétudes que vous au sujet de ___________ ? Des clients ? Des fournisseurs ? Les pouvoirs publics ? Des citoyens ? »

« Comment mesurez-vous l'impact économique ? »

Si vous êtes chanceux, votre interlocuteur laissera échapper un indice ou parlera ouvertement d'une tâche à accomplir, d'un partenaire clé ou d'un autre aspect de son modèle. Si c'est le cas, posez-lui des questions de clarification et reformulez ses idées jusqu'à ce qu'il tombe d'accord avec votre interprétation (il est important de clarifier les choses dès à présent, parce que vous aurez ensuite besoin de vous concentrer sur l'élaboration d'une proposition de collaboration à son intention, et non d'essayer de retrouver ce qu'il vous a dit). Le client vous interrogera peut-être même sur la valeur que vous apportez ou d'autres aspects de votre business model.

Si l'entretien se passe *très* bien – et en fonction du contexte et de l'importance de votre contribution –, vous souhaiterez peut-être proposer sur le champ une collaboration à votre interlocuteur. Si c'est le cas, soyez prêt à discuter des détails de votre mission, ainsi que de votre rémunération (reportez-vous au chapitre 8).

Si vous estimez qu'une proposition écrite serait appropriée, dites à votre interlocuteur que vous avez des idées sur l'aide que vous pourriez lui apporter et que vous voudriez avoir son accord en vue de lui soumettre une proposition écrite. En marquant votre intérêt pour les objectifs de votre prospect – et en vous positionnant comme un élément de la solution –, vous commencez à tisser un lien avec lui.

À la fin de chaque rendez-vous, faites le point sur ce que vous avez appris. Vous devriez avoir une vision plus précise de la viabilité de votre modèle – et du modèle de l'organisation de votre interlocuteur.

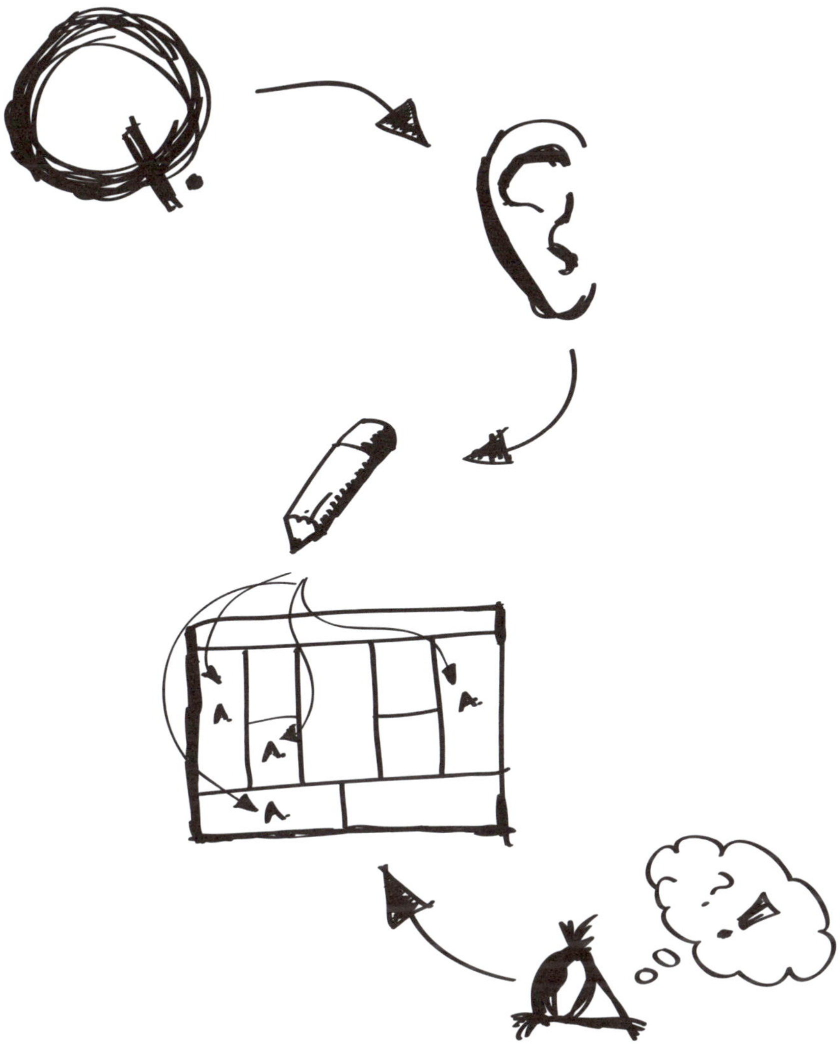

La question secrète

Voici une question au pouvoir miraculeux, celui de transformer une conversation ordinaire en mine d'informations :

« Que devrais-je savoir d'autre à propos de.... ? »

Par exemple, en fin d'interview (page 229), Emily ne doit pas manquer de demander à Marie-Hélène :

« Alors, que devrais-je savoir d'autre concernant la mise en place de pratiques durables dans une entreprise comme En avant la musique ? »

Pourquoi cette question a-t-elle un tel pouvoir ? La plupart des gens ont leur petite théorie sur les défis, les opportunités et les hauts et les bas de leur métier ou de leur activité, et ils sont toujours heureux de faire partager leurs idées. Il vous suffit de tendre la perche – en auditeur sincère, impatient de connaître les leçons que votre interlocuteur a tirées de sa dure expérience.

Vérifier les hypothèses contenues dans les blocs

Après chaque rendez-vous, comparez ce que vous avez appris à vos hypothèses de base. Au fil des entretiens, vous devriez commencer à avoir une idée plus précise de celles qui demandent à être revues.

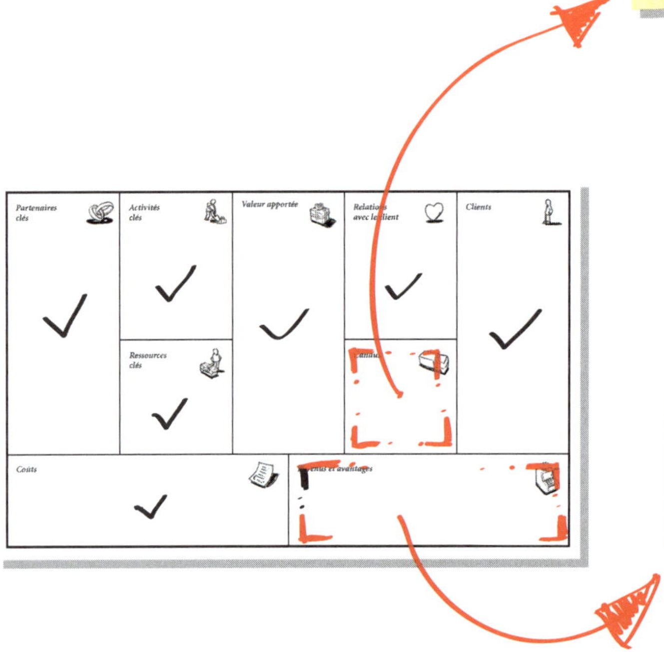

Le choix de l'entrepreneuriat

En testant votre modèle, vous découvrirez peut-être que, alors que vous aviez l'intention de devenir salarié ou prestataire de services, créer votre entreprise est en fait une option préférable. À l'inverse, les tests révéleront peut-être un poste alléchant de salarié alors que vous envisagiez de créer une entreprise.

Dans un cas comme dans l'autre, vous serez confronté à ce que nous appelons le choix de l'entrepreneuriat : devez-vous créer votre entreprise ou essayer d'intégrer votre business model à une organisation plus grande ?

Ce débat va bien au-delà du propos de *Business Model You*, mais nous vous livrons deux réflexions en forme de conseil : 1) avant de prendre la décision de créer votre entreprise, lisez les premiers livres de Michael Gerber et 2) la plupart des gens connaîtront davantage de réussite personnelle et professionnelle en ne créant pas leur propre structure (cela dit, les lecteurs de ce livre ne sont pas des gens comme les autres !).

Que faire si votre business model n'inspire personne

Lorsque vous racontez votre projet, vos interlocuteurs ont-ils les yeux qui brillent, se redressent-ils sur leur chaise ? Non ? Plusieurs facteurs peuvent expliquer ce manque d'enthousiasme.

Votre modèle est-il captivant ? Dans la négative, veillez à ce que le langage que vous utilisez soit simple, compréhensible et adapté à l'environnement professionnel que vous ciblez. Dans certains cas, une bonne façon de présenter les choses fait toute la différence.

Votre modèle répond-il à des problèmes ou des opportunités économiques réels ? Rares sont les organisations qui dépensent de l'argent pour des motifs strictement sociaux ou politiques. Envisagez à nouveau en quoi votre modèle peut faire une différence économique pour les clients.

Êtes-vous un porteur crédible de votre modèle ? Les clients peuvent-ils être assurés que vous possédez la détermination, l'expérience et les compétences – les ressources clés – requises pour mettre en œuvre votre modèle ? Si vous ne savez pas très bien comment les clients potentiels vous perçoivent, posez-leur la question !

Le « plombier » de la finance

Après son licenciement, Jan Kimmell, femme d'affaires chevronnée et diplômée de physique, décida que son nouveau business model associerait finance et opérations. Les deux domaines vont rarement main dans la main, explique Jan, alors qu'ils le devraient. Malheureusement, son nouveau but ne trouva guère d'écho auprès des personnes auxquelles elle soumit son idée. Jan mit donc au point un argumentaire percutant et mémorable :

Je suis un plombier de la finance. Je localise les fuites et les engorgements dans le système financier d'une entreprise et je travaille avec les opérations pour procéder aux réparations requises et permettre aux bénéfices de continuer à circuler.

Les métaphores de Jan semblent peut-être simplistes, mais elles ont trouvé un écho auprès de nouveaux contacts dans le secteur manufacturier. Aujourd'hui, elle travaille pour un fabricant d'instruments de précision, à un poste mêlant – vous l'aurez deviné – finance et opérations.

Choisir vos clients

Vous avez identifié des entreprises intéressantes et rencontré leurs représentants, dont certains feraient sans doute de bons clients. Si vous vous sentez prêt à engager le processus commercial et que vous avez envie de compter telle ou telle entreprise parmi vos clients, nous vous conseillons de suivre les étapes suivantes :

1. **Documentez-vous sur l'entreprise.**
2. **Prenez rendez-vous avec un décideur.**
3. **Proposez d'aider l'entreprise pour une tâche précise.**

Pour en savoir plus sur des clients potentiels, plusieurs méthodes s'offrent à vous : assister à des salons et autres manifestations professionnelles, discuter avec des spécialistes et des analystes, visiter des entreprises ayant des activités dans des secteurs adjacents, lire des publications professionnelles ou réputées dans le secteur en question. L'objectif est de vous mettre à la place du prospect et d'apprendre à voir le reste du monde – *vous y compris* – avec ses yeux.

Mais concentrons-nous sur votre arme secrète : votre capacité à identifier, décrire et analyser des modèles économiques. Quelle meilleure manière de comprendre un client potentiel que de dessiner son modèle économique ?

Obtenir des informations « privilégiées »

Si votre client potentiel est une entreprise cotée en Bourse, il est tenu à un certain nombre d'obligations en matière de diffusion d'informations concernant ses activités, ses résultats et ses opérations financières. Ces informations sont librement accessibles auprès, notamment, de l'Autorité des marchés financiers pour les entreprises françaises et de la base de données EDGAR pour les entreprises américaines (sec.gov/edgar.shtml).

Représentez le modèle économique d'un ou deux des clients potentiels que vous avez identifiés – et expérimentez en ajoutant, supprimant, développant ou réduisant différents éléments dans les blocs.

Essayez de définir avec concision la valeur apportée et de déterminer quels blocs pourraient être des points douloureux. À quelles pressions concurrentielles ces entreprises sont-elles soumises ? Pourraient-elles y répondre efficacement en modifiant leur modèle économique ? (Soit dit en passant, leurs concurrents sont sans doute aussi des clients potentiels intéressants.)

Vous pouvez parier à coup sûr ou presque que les finances constituent un point douloureux : la plupart des entreprises cherchent à augmenter leurs revenus ou à réduire leurs coûts. Essayez de quantifier – au moins sommairement – l'impact économique positif que votre valeur apportée pourrait avoir sur l'entreprise si elle vous engageait.

Vous pourriez commencer par définir une tâche importante dont vous pensez que votre client potentiel a besoin. Puis travailler à rebours : quelle valeur apportée serait utile au client pour cette tâche ? Quelles activités clés pourriez-vous accomplir pour créer cette valeur apportée ? Disposez-vous des ressources clés nécessaires ? Dans la négative, pourriez-vous vous assurer l'aide d'un partenaire clé ? Pouvez-vous montrer comment des facteurs externes influent sur le modèle économique du client et si oui, pourriez-vous l'aider à procéder aux ajustements requis ? L'heure est venue de libérer la puissance de l'esprit business model pour votre client potentiel – et pour vous-même.

Le spécialiste du marketing électronique

À sa sortie de l'université, Charlie Hoehn s'est retrouvé sans emploi, avec un diplôme d'administration des affaires qui ne valait pas grand-chose. Au lieu de commencer par faire jouer son réseau de connaissances, Charlie Hoehn a ciblé d'emblée le haut du panier : il a appelé de but en blanc des auteurs et des réalisateurs à succès qu'il admirait et leur a proposé des services de marketing électronique gratuits. La stratégie a porté ses fruits, débouchant rapidement sur des missions rémunérées. Il compte désormais Seth Godin, Tim Ferris ou Tucker Max parmi ses clients.

Vendre à un décideur

Votre objectif est de rencontrer un des décideurs de l'entreprise avec laquelle vous avez envie de travailler – et de lui vendre votre business model. Utilisez les techniques de réseautage pour obtenir un rendez-vous, mais au cours de celui-ci, veillez à vous concentrer sur un aspect spécifique de votre modèle susceptible d'aider votre prospect. Votre objectif est de proposer au client de travailler pour lui. Si votre interlocuteur refuse votre proposition, il vous faudra probablement revoir votre modèle.

Prenez contact avec le décideur en vous recommandant de personnes réellement proches. Si votre démarche de réseautage ne vous a pas encore permis d'identifier une personne travaillant directement avec votre client potentiel, vous devriez à présent être suffisamment familier du secteur de votre cible pour dénicher l'oiseau rare en persévérant dans votre démarche.

D'un autre côté, y aller au culot et contacter directement un décideur sans aucune introduction est parfois la meilleure option ; tout dépend en fait du secteur d'activité et/ou des personnalités concernées.

Lorsque vous contactez des décideurs, inspirez-vous de l'entrée en matière suivante : « Je pense que vous avez une réelle opportunité de __________ et j'ai un certain nombre d'idées que vous pourriez trouver intéressantes. Pourrions-nous nous rencontrer ? »

Si vous avez suivi les principes de test des business models, il est probable que votre proposition sera favorablement accueillie.

Obtenir un rendez-vous

Quelle que soit la façon dont vous choisissez de contacter des décideurs, ces résultats tirés d'une étude de l'association professionnelle américaine National Sales Executive Association pourraient bien vous faire changer de comportement :

- 2 % des ventes sont réalisées au cours du premier contact.
- 3 % des ventes sont réalisées au cours du deuxième contact.
- 5 % des ventes sont réalisées au cours du troisième contact.
- 10 % des ventes sont réalisées au cours du quatrième contact.
- 80 % des ventes sont réalisées au cours du cinquième au douzième contact.

Donc, ne renoncez pas sous prétexte que votre deuxième, troisième ou quatrième tentative n'a rien donné. L'obstination paye.

Lorsque vous rencontrez le décideur, formulez en termes généraux ce que vous avez compris de la tâche à accomplir, puis encouragez votre interlocuteur à valider ou corriger ce que vous venez de dire.

Si vous avez vu juste, votre interlocuteur vous répondra quelque chose comme : « Que nous conseilleriez-vous pour résoudre ce problème ? » (Exactement ce que vous avez envie d'entendre !)

Dans le cas contraire, votre interlocuteur s'étendra par exemple sur les opportunités ou les problèmes réels auxquels est confrontée son entreprise. Quelle que soit la façon dont se déroule l'entretien, tenez-vous en à votre objectif : proposer votre aide.

En fonction des circonstances et de la situation, vous pouvez choisir entre une proposition verbale ou une proposition écrite.

Si votre interlocuteur accepte votre offre de soumettre une proposition écrite, engagez-vous à lui transmettre le document dans la semaine qui suit. Après quoi, remerciez-le et faites votre sortie avec élégance. N'oubliez pas de lui envoyer un court e-mail de « remerciement » confirmant 1) la nature de la proposition dont vous êtes convenus, et 2) la date à laquelle vous lui transmettrez.

Si votre interlocuteur refuse votre proposition, le moment est venu de prendre contact avec un autre client potentiel. Si plusieurs prospects refusent votre proposition, il est peut-être temps de pivoter et de revoir votre business model pour qu'il réponde mieux aux besoins des clients.

La proposition d'une page

Les décideurs adorent la concision et la brièveté. Mettez donc toutes les chances de votre côté en synthétisant votre proposition en une page. Remarque importante : votre synthèse doit faire comprendre à celui qui la lira que vous gardez de côté des détails que vous pourrez présenter par la suite lors d'un rendez-vous ou dans un document plus développé[29].

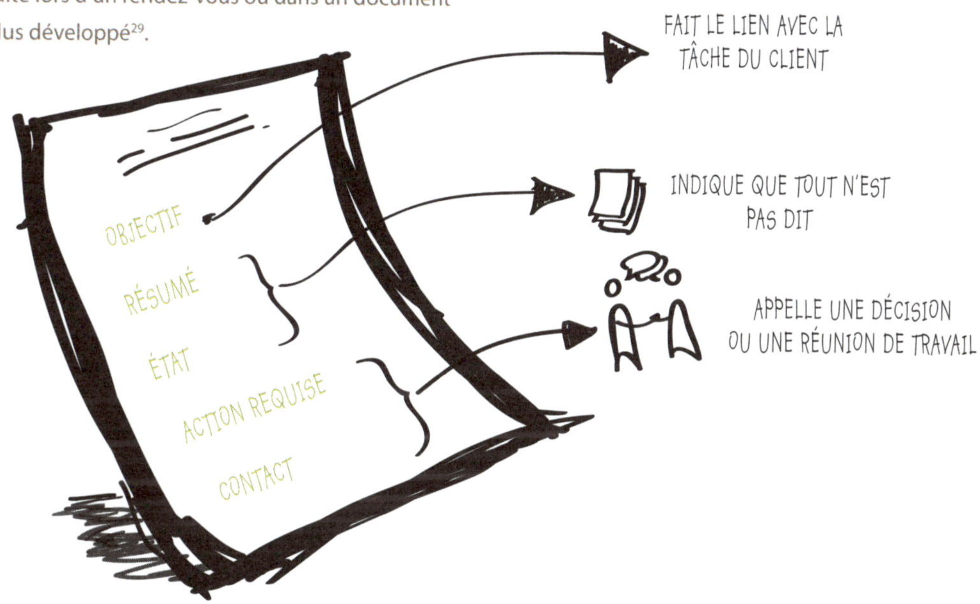

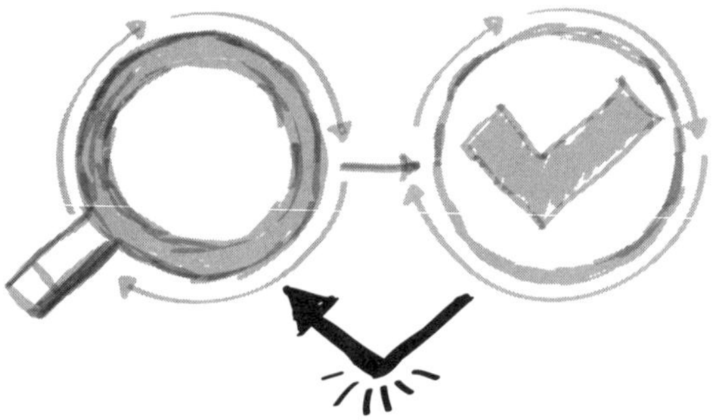

Pivoter pour améliorer votre modèle

Pivoter – agir en réponse au retour d'expérience d'un client potentiel – consiste à revoir votre modèle et à l'améliorer en modifiant un ou plusieurs éléments des blocs. C'est ce qu'il convient de faire lorsque vous découvrez que votre modèle ne satisfait pas les clients.

Il pourra s'agir par exemple de trouver un nouveau client, comme l'a fait Cyd (page 224). Ou, à l'instar de Ken, de décider de modifier votre canal (page 67). Ou encore de repenser plusieurs blocs, comme l'a fait Dennis (page 239).

Cette démarche vous ramène à la phase de découverte des clients : vous mettez votre modèle à jour, puis vous engagez à nouveau le processus de prise de rendez-vous. Lorsque vous vous sentez prêt à vendre votre nouveau modèle, passez à la phase de choix des clients et essayez à nouveau. Ayez confiance. *Vous pouvez réussir et vous réussirez à convaincre un client.*

ENJEU

À L'ÉCOUTE DU MARCHÉ

PROFIL

LE TECHNICIEN INFORMATIQUE

Dérangé par le stress excessif qu'il subissait au travail, Dennis Shieh, technicien informatique chez Dell, a pris une retraite précoce pour se mettre à son compte et contrôler sa destinée.

Il aimait les activités techniques et il a construit un business model reposant sur l'achat et la gestion d'un magasin informatique.

Dennis a testé son idée auprès d'un spécialiste de la transmission d'entreprise qui lui a conseillé 1) d'étudier le modèle financier des magasins informatiques à vendre et 2) de se soumettre à un test de personnalité.

Dennis a ainsi appris que 1) les magasins informatiques sont des activités à faible marge et à turnover élevé, avec une rentabilité peu élevée, et que 2) sa personnalité n'était pas naturellement tournée vers le service au client – il préférait les tâches techniques dans les ateliers et ne pas avoir à traiter directement avec les clients.

Dennis pivota, modifia son modèle et remplaça les consommateurs par des clients b-to-b intervenant dans des secteurs techniques.

À peu de temps de là, une opportunité surgit, que Dennis aurait probablement négligée dans son précédent modèle : une entreprise qui vendait, entretenait, calibrait et certifiait des balances pour les professionnels. De quoi satisfaire le souhait de Dennis d'exercer ses compétences techniques, de limiter les contacts avec des clients néophytes et de gagner honnêtement sa vie en étant son propre patron, et sans trop de stress.

Dennis a racheté l'entreprise et s'épanouit aujourd'hui dans son métier de chef d'entreprise – libre de troquer quand il le souhaite le costume-cravate contre un T-shirt et un bermuda.

NOM DENNIS SHIEH

ABORDER LE FUTUR AVEC CONFIANCE

Lorsqu'un client vous engage – ou que vous trouvez le client que vous voulez –, votre business model est validé. Vous voilà parvenu à la phase de mise en œuvre et votre nouveau business model a pris son envol. Bravo !

Que de chemin parcouru ! Que vous vous soyez prêté à certains exercices du livre ou que vous les ayez tous faits de A à Z, nous espérons que vous continuerez à travailler sur votre business model. À tout le moins espérons-nous vous avoir convaincu de *modéliser* votre vie professionnelle plutôt que de la *planifier* – d'identifier des principes qui vous guideront durablement.

Vous avez peut-être remarqué que le business model d'un individu s'apparente à une « carte de relations ». Il met en lumière les liens qui existent entre **vous** et **ce que vous faites**, et les liens qui existent entre **ce que vous faites** et **votre contribution**. Plus important encore, il explicite vos relations avec **qui vous aidez** – et les communautés plus larges que vous servez à travers votre **but.**

Tout comme les bonnes cartes guident les explorateurs pendant des années, la méthodologie du business model personnel peut vous accompagner et vous aider à réussir votre vie professionnelle et votre vie personnelle.

CHAPITRE 10
Et maintenant ?

D'autres façons d'utiliser la méthodologie BMY

Il arrive que le changement professionnel s'impose à nous. Lorsqu'une entreprise modifie son modèle économique, ses collaborateurs doivent souvent ajuster eux aussi leur business model. Cas d'école avec un membre du forum, Makis Malioris.

Responsable depuis de longues années d'une équipe de programmeurs et d'analystes dans une grande société internationale de services financiers, Makis avait un seul client : le directeur de son bureau d'Athènes. Jusqu'au jour où le changement a frappé à la porte : c'était désormais huit nouvelles agences que l'on demandait à Makis de servir, toutes situées à l'étranger – une évolution synonyme de fréquents déplacements en avion. Lorsqu'il apprit la nouvelle, Makis essaya de faire bonne figure et de réprimer sa première réaction : *j'ai peur en avion*.

Ses nouvelles responsabilités obligèrent Makis à réinventer son business model. En dépit de son peu d'expérience en la matière, voilà qu'il se retrouvait du jour au lendemain avec huit nouveaux clients internationaux, tous dans des pays différents, tous avec une culture, un style et une éthique professionnels différents.

Compétent et à l'aise avec la planification et la coordination du travail de collègues proches, Makis devait désormais convaincre de nouveaux clients d'adopter et de maintenir des processus ITIL (Information Technology Infrastructure Library – Bibliothèque pour l'infrastructure des technologies de l'information). Cela exigeait de nouvelles activités clés, en particulier : « vendre », prendre souvent l'avion, faire de longs séjours à l'hôtel et remplacer les relations en face à face avec le client par des e-mails et des appels téléphoniques.

Le nouveau poste était assorti d'une modeste augmentation de revenus, mais d'avantages considérables en termes de développement personnel, au premier rang desquels l'expérience internationale mais aussi l'opportunité pour Makis d'agir non plus en tant que simple manager mais en tant que propriétaire d'un « processus ». Makis sut négocier ce virage professionnel et ne tarda pas à être promu à un poste aux responsabilités plus importantes.

Malheureusement, lorsque la crise financière grecque frappa, l'employeur de Makis n'eut d'autre choix que de lui proposer des indemnités de licenciement, que Makis accepta. Mais tout ce qu'il a appris sur les modèles économiques continue de lui être utile et de l'aider.

« Le concept de business model personnel m'a aidé à identifier ce dont j'avais besoin pour répondre aux exigences de mon nouveau poste, et à combler les vides dans chaque bloc de la matrice. C'était une situation exigeante mais le jeu en valait la chandelle, explique Makis. Sans compter que je n'ai plus peur en avion ! »

Comme Makis en serait certainement d'accord (et comme nous l'avons vu au chapitre 1), en matière de modèle économique, l'innovation ne cesse jamais. Les modèles fonctionnent quelques années, parfois davantage, jusqu'à ce que le changement soit nécessaire. Il ne fait pas de doute que votre business model évoluera encore lui aussi, sinon en réponse à un contexte nouveau, du moins en réponse à l'expérience que vous accumulerez au fil des années. Lorsque viendra pour vous le moment de dessiner une nouvelle image de votre activité professionnelle, nous espérons que vous trouverez une nouvelle fois en *Business Model You* un guide et une source d'inspiration.

D'autres applications de la méthodologie Business Model You

Enseigner les principes élémentaires de la finance et de la gestion d'entreprise

Des formateurs et des professeurs du monde entier utilisent la matrice du modèle économique pour enseigner la stratégie et la création d'entreprise, le plus souvent dans des programmes universitaires de troisième cycle. Nous pensons que la matrice pourrait également être utilisée pour enseigner les principes élémentaires de la gestion d'entreprise à des étudiants de premier et deuxième cycles. C'est un moyen simple et accessible d'apprendre les fondamentaux de la création et du développement d'une entreprise. De même, nous estimons que le business model personnel pourrait avoir sa place parmi les outils proposés aux lycéens pour les aider à acquérir les notions élémentaires de finance personnelle et/ou les guider dans le choix d'une orientation professionnelle.

Un outil de coaching

De nombreux membres du forum ont déjà découvert le pouvoir du business model personnel comme outil de coaching. Plusieurs témoignages présentés dans ce livre sont des exemples vivants de leur travail.

Un outil d'introspection et de développement personnel

Nous abordons en page 96 l'utilisation de la matrice pour décrire d'autres rôles que ceux que nous tenons dans la vie professionnelle : conjoint, ami et parent. Plusieurs membres du forum nous ont rapporté avoir ainsi utilisé avec succès la matrice dans leur vie personnelle. Psychologues et autres professionnels de l'accompagnement des individus pourraient créer des exercices fondés sur l'élaboration et l'étude de matrices individuelles.

Évaluations annuelles/développement personnel dans les entreprises

Pour les responsables des ressources humaines et, plus largement, toutes les personnes ayant à conduire des évaluations annuelles de collaborateurs, le business model personnel pourrait constituer une méthode structurée pour étudier comment les collaborateurs apportent de la valeur à l'organisation. Les entreprises progressistes pourraient aller plus loin et l'utiliser pour aider les collaborateurs à créer davantage de valeur durant leur temps libre.

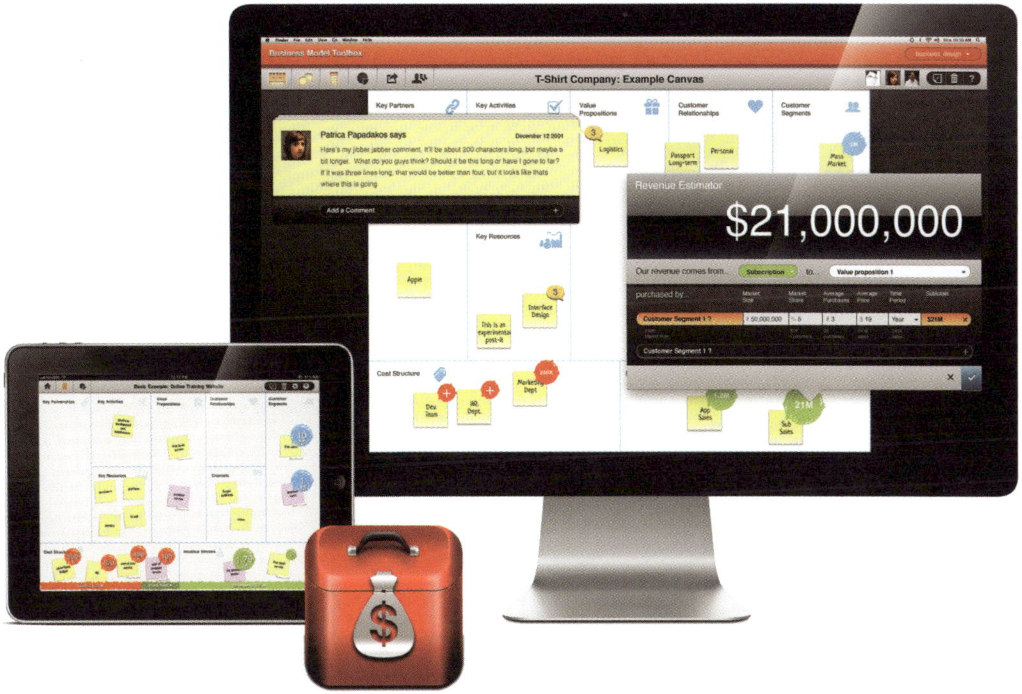

L'apport de l'informatique

Travailler avec du papier, des feutres et des post-it est efficace et amusant, mais il va sans dire que dans certains cas, l'informatique est un outil irremplaçable. Grâce à notre boîte à outils pour iPad et le web, la Business Model Toolbox, vous pouvez représenter, faire des estimations, annoter, partager, corriger et pivoter tous vos modèles économiques. La rapidité d'un schéma griffonné sur un coin de table et la puissance d'une feuille de calcul en un seul outil !

La boîte à outils vous donne également la possibilité de modifier le nom des blocs et leur contenu pour une description personnalisée de votre business model. Il serait également envisageable de créer une application dédiée proposant une version électronique des outils présentés dans ce livre pour aider les utilisateurs à évaluer leurs centres d'intérêt, leurs compétences, leurs capacités et leurs traits de personnalité (ressources clés).

Créez gratuitement votre compte et construisez votre business model en ligne sur www.businessmodeltoolbox.com.

Enfin, acceptez nos excuses pour ce qui pourra paraître *a posteriori* comme une annonce trompeuse. Si vous avez fait ne serait-ce qu'une partie des exercices proposés dans *Business Model You*, vous avez utilisé des dizaines de feuilles de papier, alors que nous qualifions notre procédé de « méthode en une page » ! Mais les résultats en valent la peine, non ?

Un dernier mot : la conversation se poursuit sur **BusinessModelYou.com**, où a débuté notre livre. N'hésitez pas à nous y retrouver et à rejoindre **BusinessModelHub.com**, la première communauté mondiale dédiée à l'esprit business model.

Bonus

Gros plan sur les personnes et les ressources qui ont permis à *Business Model You* de voir le jour.

La communauté *Business Model You*

Ce livre a été cocréé par 328 professionnels d'Afrique du Sud, Allemagne, Argentine, Australie, Autriche, Belgique, Brésil, Canada, Chili, Chine, Colombie, Corée du Sud, Costa Rica, Danemark, Espagne, Estonie, États-Unis, Finlande, France, Grèce, Hongrie, Irlande, Italie, Japon, Jordanie, Mexique, Nouvelle-Zélande, Nigeria, Norvège, Panama, Paraguay, Pays-Bas, Pologne, Portugal, République tchèque, Roumanie, Royaume-Uni, Singapour, Suède, Suisse, Turquie, Uruguay et Venezuela. Grâce à leurs idées, leur soutien et leur diversité, le mouvement du business model personnel a conquis toute la planète.

La liste complète des cocréateurs est donnée en pages 8-9 (et les photos de certains d'entre eux apparaissent sur les premières pages du livre). Nous souhaitons remercier tout particulièrement les cocréateurs suivants pour leur contribution à ce livre :

Jelle Bartels, Uta Boesch, Steve Brooks, Ernst Buise, Hank Byington, Dave Crowther, Michael Estabrook, Bob Fariss, Sean Harry, Bruce Hazen, Tania Hess, Mike Lachapelle, Vicki Lind, Fran Moga, Mark Nieuwenhuizen, Gary Percy, Marieke Post, Darcy Robles, Denise Taylor, Laurence Kuek Swee Seng, Emmanuel Simon et James Wylie.

Vous trouverez sur **BusinessModelYou.com** des forums de discussion, des matrices à imprimer et, plus important, une communauté conviviale de lecteurs animés par la même volonté d'améliorer leur vie professionnelle et leur vie personnelle grâce à l'esprit business model. L'adhésion est gratuite.

Et n'hésitez pas à rejoindre **BusinessModelHub.com**. Avec plus de 5 000 membres, c'est la première communauté en ligne du monde dédiée aux modèles économiques d'entreprise. L'adhésion est gratuite.

Les créateurs

Tim Clark, auteur

Tim Clark est le pilote du mouvement du business model personnel sur *BusinessModelYou.com*. Enseignant et formateur de talent, ancien entrepreneur ayant à son actif son lot de réussites et d'échecs, il a écrit et dirigé cinq livres sur l'entrepreneuriat, les modèles économiques et le développement personnel, et notamment le best-seller mondial *Business Model nouvelle génération*. Titulaire d'un doctorat en administration des entreprises, il enseigne actuellement à l'université de Tsukuba, à Tokyo.

TimClark.net

Alex Osterwalder, auteur contributeur

Entrepreneur et conférencier, Alex Osterwalder est l'auteur du best-seller mondial *Business Model nouvelle génération*, coécrit avec Yves Pigneur et la contribution de 470 collaborateurs de 45 pays. Il intervient régulièrement auprès de grandes entreprises et dans de prestigieuses universités – Wharton, Stanford, Berkeley, IESE et IMD. Titulaire d'un doctorat d'HEC Lausanne, il est l'un des créateurs de Strategyzr, éditeur de logiciels pour les entreprises, et a participé au développement de The Constellation, une ONG mondiale de lutte contre le sida et la malaria.

BusinessModelGeneration.com

Yves Pigneur, auteur contributeur

Yves Pigneur est professeur de gestion des systèmes d'information à l'université de Lausanne depuis 1984 et a enseigné à Georgia State University, Hong Kong University of Science and Technology et à l'université de Colombie britannique, à Vancouver. Éditeur en chef de la revue scientifique *Systèmes d'information et management* (SIM), il a coécrit avec Alex Osterwalder le best-seller international *Business Model nouvelle génération*. Il est titulaire d'un doctorat de l'université de Namur, en Belgique.

Alan Smith, directeur de création

Entrepreneur formé au design, Alan Smith se passionne pour tous les domaines de la création et participe à des projets tous azimuts : cinéma, télévision, campagnes de publicité, applications mobiles et plates-formes web. Il est l'un des cofondateurs de The Movement, « agence de changement » saluée dans le monde entier, implantée à Toronto, Londres et Genève. Il a également participé à la création de Strategyzr, société d'édition de logiciels professionnels qui conçoit des outils révolutionnaires pour aider les individus et les entreprises à piloter des stratégies et à créer de la croissance.

BusinessModelGeneration.com

Trish Papadakos, designer

Trish a voué sa vie à la création visuelle. Après avoir étudié l'art et le design dans trois prestigieuses institutions canadiennes, elle a obtenu son Master in Design à Londres. Elle a fondé The Institute of You, un service de développement de carrière sur abonnement pour les professionnels débordant d'énergie. Gastronome, photographe, baroudeuse et entrepreneur, Trish a travaillé des années avec des artisans, des chefs cuisiniers et des innovateurs.

flavors.me/trishpapadakos

Megan Lacey, éditrice

Amoureuse des mots et adepte militante de la course à pied, Megan a rejoint l'équipe de *Business Model You* alors qu'elle réinventait sa carrière. Après avoir travaillé plusieurs années comme éditrice dans une maison d'édition, un passage éclair mais glorieux dans une université l'a convaincue de poursuivre dans l'enseignement. Megan achève actuellement un Master in Teaching à Washington State University, s'entraîne pour sa troisième course d'ultrafond et enseignera bientôt – si l'économie le veut – l'anglais aux lycéens (sans oublier de leur prêcher accessoirement la course à pied !).

Patrick van der Pijl, assistance à la production

Patrick est le fondateur et PDG de Business Models Inc., société internationale de conseil spécialisée dans les modèles économiques. Depuis sa base d'Amsterdam, il aide les entrepreneurs, les dirigeants et leurs équipes à concevoir de meilleures entreprises en utilisant la visualisation, le storytelling et d'autres techniques de modélisation. Il a été le producteur du best-seller international *Business Model nouvelle génération*.

BusinessModelsInc.com

Notes

1 — **Page 8** Toutes les personnes mentionnées dans *Business Model You* ont été interviewées par un auteur ou un coauteur contributeur. Dans un petit nombre de cas, les noms et/ou photos des personnes ont été modifiés afin de protéger leur vie privée.

2 — **Page 20** Sondage du groupe Manpower, novembre 2010.

3 — **Page 21** Alexander Osterwalder et Yves Pigneur, *Business model nouvelle génération*, Pearson, 2011, p. 14.

4 — **Page 51** « Revenue at Craigslist is Said to Top $100 Million », *The New York Times*, 9 juin 2009.

Page 67 Photo de David White.

5 — **Page 85** Richard N. Bolles, *What Color Is Your Parachute ?* Ten Speed Press, 2011.

6 — **Page 88** Marcus Buckingham, *Go Put Your Strenghts to Work*, Free Press, 2007.

7 — **Page 90** Tom Rath, *Strengthsfinder 2.0*, Gallup Press, 2007.

8 — **Page 91** George Kinder, *Lighting the Torch : The Kinder Method™ of Life Planning*, FPA Press, 2006.

9 — **Page 93** Reproduit avec l'autorisation de Richard N. Bolles, *What Color Is Your Parachute ?* Ten Speed Press, 2011, p. 181.

10 — **Page 99** Kathy Kolbe y ajoute un quatrième facteur : la volonté (« *conation* »). L'indice Kolby est utilisé par de nombreuses entreprises.

11 — **Page 109** Cet exercice est adapté de John L. Holland, *Making Vocational Choices : A Theory of Careers*, Prentice-Hall, 1973, avec l'aide de la psychologue Denise Taylor et du Dr Sean Harry, tous deux membres du forum.

12 — **Page 109** John L. Holland, *Manual for the Vocational Preference Inventory*.

13 — **Page 109** La théorie de Holland permet 720 (6 × 5 × 4 × 3 × 2 × 1) « types » de personnalité différents.

14 — **Page 121** Pour obtenir ce type de feedback, on pourra également travailler avec un conseiller en gestion de carrière et utiliser des services web de type Checkster.com. Merci à Denise Taylor, membre du forum, pour son aide avec ces exercices.

15 — **Page 126** Alain de Botton, *The Pleasures and Sorrows of Work*, Pantheon, 2009.

16 — **Page 126** *Ibid.*

17 — **Page 128** Leil Lowndes, *How to Talk to Anyone*, McGraw-Hill, 2003.

18 — **Page 140** Adapté avec l'autorisation de David Sibbet, *Visual Meetings*, Wiley, 2010.

19 — **Page 153** Carmine Gallo, *The Innovation Secrets of Steve Jobs : Insanely Different Principles for Breakthrough Success*, McGraw-Hill, 2010.

20 — **Page 153** Traduction anglaise d'Allen Miner.

Page 162 Srikumar Rao, photo de Paresh Gandhi.

21 — **Page 163** Présentation de Srikumar Rao chez Google, 11 avril 2008, reproduit avec autorisation.

22 — **Page 166** Srikumar Rao, *Are You Ready to Succeed ?* Hyperion, 2006.

23 — **Page 168** Rosamund Stone Zander et Benjamin Zander, *The Art of Possibility*, Harvard Business School Press, 2000.

24 — **Page 170** *Ibid.*

25 — **Page 173** Alexander Osterwalder et Yves Pigneur, *Business Model nouvelle génération*, Pearson, 2011.

26 — **Page 176** Ellen McGirt, « Al Gore's $100 Million Makeover », *Fast Company*, 1er juillet 2007.

Page 176 Photo d'Al Gore, World Resources Institute Staff.

Page 196 J.D. Roth, photo d'Amy Jo Woodruff.

27 — **Page 211** Emily existe, seul son prénom a été modifié.

28 — **Page 225** Voir Steve Blank, *The Four Steps to the Epiphany*, pour une présentation détaillée de son modèle de développement des clients.

29 — **Page 237** Élaborer une proposition d'une page est un véritable défi, qui déborde le propos de ce livre. On se reportera par exemple à *The One-Page Proposal* de Patrick Riley.

Achevé d'imprimer sur les presses
de l'Imprimerie Darantiere à Dijon-Quetigny
en juillet 2012

Dépôt légal : juillet 2012
N° d'impression : 12-0885

Imprimé en France